建设项目
全过程咨询管理

JIANSHE XIANGMU
QUANGUOCHENG ZIXUN GUANLI

主　编　李永福
副主编　边瑞明　申　建
参　编　刘作伟　李　敏　于天奇　盛国飞
　　　　朱天乐　李　琦　时吉利　郭秋雨
　　　　陆　晨　张建琴　李清春　张　庆
　　　　田宪刚　张宗雯　胡双豫　许孝蒙

中国电力出版社
CHINA ELECTRIC POWER PRESS

内 容 提 要

本书共 6 章，主要内容涵盖高等院校工程管理、工程造价相关专业必备的基础知识，主要包括建设项目全过程咨询概述、建设项目决策阶段咨询管理、建设项目设计阶段咨询管理、建设项目实施阶段咨询管理、建设项目竣工阶段咨询管理、建设项目运营阶段咨询管理等。本书以建设项目全过程各个阶段的工作为基础展开介绍，多用流程图及表格的方式对建设项目各个阶段详细工作内容进行梳理，使读者详细地了解建设项目各个阶段的工作内容。本着学以致用、学用结合的原则，力争做到使读者学有所获。

本书可作为普通高等院校工程管理、工程造价、土木工程、建筑学等专业教材，也可作为工程建设管理人员的参考书。

图书在版编目（CIP）数据

建设项目全过程咨询管理 / 李永福主编 . —北京：
中国电力出版社，2021. 12
　ISBN 978-7-5198-6083-7

　Ⅰ . ①建…　Ⅱ . ①李…　Ⅲ . ①基本建设项目 – 咨询服
务　Ⅳ . ① F284

　中国版本图书馆 CIP 数据核字（2021）第 207189 号

出版发行：中国电力出版社
地　　　址：北京市东城区北京站西街 19 号（邮政编码 100005）
网　　　址：http://www.cepp.sgcc.com.cn
责任编辑：孙　静
责任校对：黄　蓓　马　宁
装帧设计：郝晓燕
责任印制：吴　迪

印　　　刷：三河市万龙印装有限公司
版　　　次：2021 年 12 月第一版
印　　　次：2021 年 12 月北京第一次印刷
开　　　本：787 毫米 ×1092 毫米　16 开本
印　　　张：8.75
字　　　数：177 千字
定　　　价：40.00 元

2017 年国务院办公厅印发《关于促进建筑业持续健康发展的意见》（国办发〔2017〕19 号），鼓励工程咨询企业开展全过程工程咨询服务，在全国掀起了对全过程工程咨询探索与实践的热潮。2019 年 3 月，国家发展和改革委员会联合住房和城乡建设部共同印发《关于推进全过程工程咨询服务发展的指导意见》《关于开展全过程工程咨询试点工作的通知》等政策文件和指导意见。2020 年 8 月，住房和城乡建设部、教育部、科学技术部、工业和信息化部等九部门联合印发《关于加快新型建筑工业化发展的若干意见》，意见提出：要发展全过程工程咨询，大力发展以市场需求为导向、满足委托方多样化需求的全过程工程咨询服务，培育具备勘察、设计、监理、招标代理、造价等业务能力的全过程工程咨询企业。

建设工程全过程管理，是指一个工程项目从项目立项到工程竣工移交的所有阶段的管理过程。工程项目的投资方将工程项目的全过程管理委托给一个工程咨询管理公司去完成。然而，各地工程咨询企业在开展这项业务的过程中，由于缺乏科学、完善的指导，不论是管理形式还是服务内容都出现较大争议。全过程工程咨询服务是一种创新咨询服务组织实施方式，大力发展以市场需求为导向、满足委托方多样化需求的新型咨询服务模式。

国家大力推广工程建设全过程工程咨询管理模式的初衷，是压缩基本建设的周期，缩短基本建设时间，提高投资效益。国家鼓励工程建设投资方，向工程咨询管理公司购买更加专业的工程项目管理服务。

我国现阶段建设工程咨询服务的主要模式为专业咨询服务的模式，建设工程项目业主通常按照咨询服务的专业来委托咨询工作任务，主要的分专业咨询工作任务包括：建设项目的项目建议书编制、（预）可行性研究、建设项目评估决策咨询、招标代理、造价咨询、施工监理、设备监造、项目管理咨询、后评价等。

全过程工程咨询是一项运用系统思维与整体思维，对工程建设全过程进行的综合管理。这种综合管理不是有关知识、各个管理部门、各个进展阶段的简单联系和叠加，而是以系统论与整体论思想为基础，实现知识门类的有机融合、各个管理部门的协调整合、各个进展阶段的无缝衔接。

本书不是研究和探讨全过程工程管理中的复杂问题，而是从实用目的出发，通过大量流程图和表格，更加清晰明了地介绍建设项目全过程咨询的步骤和流程，以及各阶段的重难点。本书可作为工程建设、咨询、施工及监理单位了解建设项目全过程咨询管理的入门工具书。

限于编者水平，书中疏漏和谬误之处在所难免，敬请同行和读者不吝指正。本书在编写过程中，参考了大量文献资料，除了在书后所附参考文献外，还借鉴了其他一些专家学者的研究成果，在此不一一列出，一并谨致谢忱！

编者

二〇二一年九月

目录

第1章

建设项目全过程咨询概述

本章学习目标

通过本章的学习，可以初步掌握建设项目全过程咨询的特点、意义、必要性组织模式、业务范围和内容、全过程咨询服务的优势、建设项目咨询行业国内外现状相关内容。

重点掌握：全过程咨询的意义、全过程咨询业务范围和内容。

一般掌握：全过程咨询服务的优势。

本章学习导航

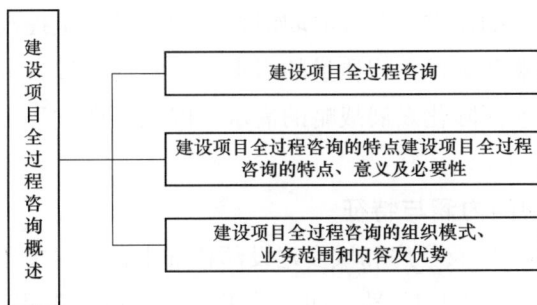

```
                        ┌──────────────────────────────────────┐
                        │          建设项目全过程咨询           │
建                     ─┤                                      │
设                      └──────────────────────────────────────┘
项                      ┌──────────────────────────────────────┐
目                      │  建设项目全过程咨询的特点建设项目全过程  │
全                     ─┤     咨询的特点、意义及必要性          │
过                      └──────────────────────────────────────┘
程                      ┌──────────────────────────────────────┐
咨                      │   建设项目全过程咨询的组织模式、       │
询                     ─┤     业务范围和内容及优势             │
概                      └──────────────────────────────────────┘
述
```

1.1 建设项目全过程咨询

1. 建设项目全过程咨询的产生背景

建筑业是国民经济的支柱产业，产业关联度高，全社会资产投资的50％以上要通过建筑业才能形成新的生产能力或使用价值。目前，我国的建筑业还处于粗放型和数量型的增长方式，能耗大、成本高、效率低，并且投资效益较低、建筑产品质量难以进一步提高。而与粗放型经济增长方式相比，集约型经济增长方式消耗较低，成本较低，投资效益和质量能得到进一步提升，实现建筑业集约型经济增长方式的重要途径之一是通过建设项目全过程的集约化管理，实现投资决策的科学化、实施过程的标准化、运营过程的精细化。全过程工程咨询的组织管理模式可以对投资项目的规划、决策、评估、设计、采购、监理、验收、运维管理、后评估等各个建设过程与环节进行有效地控制，提升项目投资效益，确保工程质量。

随着我国经济和社会的发展，对工程建设的组织管理模式提出了更高要求，加上"一带一路"的推进，建筑业市场化、法制化、国际化程度不断提高，需要政府从工程建设的微观、直接管理向宏观、间接管理职能转变，从事前监管向事中、事后监管职能转变，社会化、专业化的全过程工程咨询服务资源可以充分发挥其在建筑服务市场中技术和管理的主导作用，客观上促进了政府职能的转变，促进了工程咨询服务企业的转型升级。

综上所述，全过程工程咨询的提出，是转变建筑业经济增长方式的需要；是促进工程建设实施组织方式变革的需求；是政府职能转变的需求；是提高项目投资决策科学性的需求；是提高投资效益和确保工程质量的需求；是实现工程咨询类企业转型升级的需求；是推进工程咨询行业国际化发展战略的需求。因此，全过程工程咨询的提出适应了时代发展的要求。

2. 全过程工程咨询的内涵与特征

2017年，国务院办公厅及住房和城乡建设部相继出台了《关于促进建筑业持续健康发展的意见》（国办发〔2017〕19号）和《关于开展全过程工程咨询试点工作的通知》（建市〔2017〕101号）文件，浙江、江苏、福建、广东等省以及浙江绍兴市等地又相继制定出台相关的指导意见或试点工作方案，在工程咨询服务行业引起了极大反响。

在国务院印发的《关于促进建筑业持续健康发展的意见》中首次提出了"全过程工程咨询"的概念，并提出：完善工程建设组织模式，培育全过程工程咨询，鼓励投资咨询、勘察、设计、监理、招标代理、造价等企业采取联合经营、并购重组等方式发展全过程工程咨询，培育一批具有国际水平的全过程工程咨询企业。

此外，住房和城乡建设部发布的《建筑业发展"十三五"规划》中要求：提升工程咨询服务业发展质量，改革工程咨询服务委托方式，引导有能力的企业开展项目投资咨询、工程勘察设计、施工招标咨询、施工指导监督、工程竣工验收、项目运营管理等覆盖工程全生命周期的一体化项目管理咨询服务。

与此同时，在住房和城乡建设部《工程勘察设计行业发展"十三五"规划》中提出：培育全过程工程咨询。积极利用工程勘察设计的先导优势，拓展覆盖可行性研究、项目策划、项目管理等工程建设全生命周期的技术支持与服务，提高工程项目建设水平。

另外，在住房和城乡建设部发布的《关于开展全过程工程咨询试点工作的通知》中提到：要引导大型勘察、设计、监理等企业积极发展全过程工程咨询服务，拓展业务范围。在民用建筑项目中充分发挥建筑师的主导作用，鼓励提供全过程工程咨询服务。

2018年3月，《关于征求推进全过程工程咨询服务发展的指导意见（征求意见稿）和建设工程咨询服务合同示范文本（征求意见稿）意见的函》发布，为全过程工程咨询的具体实践起到了较大的指导作用。

综上所述，全过程工程咨询的内涵和特征可以理解为：

（1）全过程工程咨询的内涵。全过程工程咨询是对工程建设项目前期研究和决策以及工程项目实施和运行（或称运营）的全生命周期提供包含设计和规划在内的涉及组织、管理、经济和技术等各有关方面的工程咨询服务。

1）全过程工程咨询的性质：咨询服务，管理咨询和技术咨询兼而有之。

2）全过程工程咨询的目的：提高投资决策科学性；实现项目的集成化管理；提升项目投资效益，确保工程质量。

3）全过程工程咨询的作用：

① 有利于工程建设组织管理模式的改革；

② 有利于工程咨询服务业发展质量的提升；

③ 有利于工程咨询行业组织结构的调整以及行业资源的优化组合；

④ 有利于工程咨询企业水平和能力的提升；

⑤ 有利于工程咨询行业人才队伍的建设和综合素质的提升；

⑥ 有利于建筑师制度的建立和推动；

⑦ 有利于工程咨询业的国际化发展。

4）全过程工程咨询的服务对象：主要为业主提供咨询服务。

5）全过程工程咨询的服务周期：可以包括项目决策、设计、施工、运营四个阶段的全生命周期（即"完整全过程"），或者至少涵盖两个或两个以上阶段的工程咨询服务（即"阶段性全过程"）。

6）全过程工程咨询的推进原则：坚持政府引导与市场选择相结合的原则。

（2）全过程工程咨询的特征。

1）咨询服务覆盖面广。服务阶段覆盖项目策划决策、建设实施（设计、招标、施工）、运营维护等过程。服务内容包括技术咨询、管理咨询，兼而有之。

2）强调智力性策划。工程咨询单位要运用工程技术、经济学、管理学、法学等多学科的知识和经验，为委托方提供智力服务。如：投资机会研究、建设方案策划、融资方案策划、招标方案策划、建设目标分析论证等。

3）实施集成化管理。工程咨询单位需要综合考虑项目质量、安全、环保、投资、工期等目标以及合同管理、资源管理、信息管理、技术管理、风险管理、沟通管理等要素之间的相互制约和影响关系，实施集成化管理，避免项目管理要素独立运作而出现的漏洞和制约。

全过程工程咨询服务管理理念见表 1-1。全过程工程咨询服务管理模式见表 1-2。

表 1-1　　　　　　　　　　全过程工程咨询服务管理理念

序号	管理要素	主要内容
1	人才聚集	全过程咨询服务是一个典型的人才聚集的工作平台，而人才正是项目管理中目标管控的重要因素。在当前工程咨询行业人才紧缺的情况下，通过全过程咨询服务的典型成功案例，树立品牌，吸引人才，是全过程工程咨询服务的重要环节
2	咨询企业选择标准	当前社会分工愈加细化的背景下，对全过程咨询服务企业的选择标准，要有别于对监理企业、设计企业和施工企业的传统考核思维。应当将"服务能力＋资源厚度"作为考核的重点，并着重突出资源厚度这一因素
3	咨询企业评价体系	对于全过程咨询服务企业的评价体系，要从以往的重资质、重证书的综合评价体系，转到突出"能力＋态度"的评价体系。既要有服务能力，更要有职业化的服务态度。在全过程工程咨询模式下，管理因素很多，协调工作很大，缺乏主动而为、积极担责的职业精神，将无法承担和履行咨询工作任务
4	管理对象	要从过去基于"事"的管理，转变到基于"人"的管理。从对"物"的考核转向对"人"的考核。人是完成任务的根本因素，人的素质和职业修养提高了，解决事情就不是问题。因此，全过程咨询需要建立一套有关岗位选拔、任职标准、绩效考核、员工培训为内容的人力资源管理体系，需要建立基于人力资源的学习型组织
5	薪酬体系	发挥人的主观能动性是保证完成咨询任务的关键，基于这一理念，关于服务单位和咨询人员费用和薪酬的分配，应当是强化激励机制。以"基本薪酬＋奖金"为模式，突出奖励机制，充分调动主观能动性
6	市场数据	在全过程咨询服务中，在分析项目功能和工程技术过程时，要立足市场数据，重视调查研究，从项目一线收集数据，这样才能使得项目可行性研究报告等文件有质量保障。同时，要突出风险数据的收集、分析，以便于项目推进过程中的风险管控
7	管理元素	项目全过程管理，从注重流程到注重成效，从粗放型管理到精细化管理，从负责管理到扁平化管理。功能管理、边界管理、资源管理、模块化管理、并联管理、沟通管理、风险管理等，是项目管理的工作模块和核心元素
8	监理定位	作为全过程咨询的一个中央环节，监理的职能在全过程咨询服务中从以往施工阶段的现场目标（质量、安全、进度、投资、环境）管控，延伸到前期方案研究，并做好信息的上传下达。及时掌握设计意图，了解合同签订背景，才能有效做好监理工作

表 1-2 全过程工程咨询服务管理模式

序号	管理要素	主要内容
1	业主代表	全过程咨询服务与传统咨询一样，需要业主决策，因此要重视业主的决策人地位和作用。业主决策人需要两大条件：授权和能力
2	功能管理	工程建设项目使用功能的变化，容易引起大量的项目目标管理偏差。所以，在项目前期，强化功能研究和定位，突出工艺的精细化管理是非常必要的。这个阶段的工作时间不能过分压缩，容易引起后期的反复修改
3	设计任务书	设计任务书是有效开展设计工作的前提条件。现阶段，设计任务书深度不够，内容缺失，再加上设计监管机制缺失，设计任务考核缺失，造成设计质量和工作进度不能满足项目实施的具体需要。因此，设计任务书及其配套管理是全过程工程咨询服务的重点任务
4	大数据管理	有别于传统的工程咨询业务，全过程工程咨询服务的工程建设项目规模越来越大，专项越来越多，信息化及大数据管理手段的重要地位愈加凸显。全过程咨询服务单位既要将各参建单位的数据库有效运用，也要积累针对单一项目的数据库
5	资源管理	资源整合是全过程咨询服务的一项关键工作，也是项目目标管理的有效途径。资源管理需要把项目内部资源、参建单位的后台集约资源、政府职能部门资源、社会资源等四大资源充分整合运用
6	会议管理	为更加高效地推动全过程咨询服务，建议采用基于一线数据和影像信息的会议管理模式，是较为有效的方式。通过数据表达和现场影像信息表达，务实、简明、有效
7	新技术运用	智慧工地，智慧建筑，绿色建筑，装配式建筑，综合管廊，海绵城市是建筑技术及项目管理的发展趋势，要保持对新技术的敏感性
8	学习型组织	创建项目学习型组织，将实践与学习相结合，有助于推动全过程咨询服务体系的不断完善
9	配套基础设施	项目周边的配套基础设施（供排水、供电、供气、供热、强电、弱电等），是制约工程推进的关键因素。因此，明确配套基础设施服务内容，优化流程，是该管理的核心
10	交流机制	全过程咨询服务需要通过项目实践，推行案例交流，促进行业进步，在各个环节、各个层面进行交流互动，形成全过程咨询服务的良性循环

1.2 建设项目全过程咨询的特点、意义及必要性

1. 建设项目全过程咨询的特点

全过程工程咨询并不只是将各专业叠加在一起进行专业服务，还有以下诸多特点：

（1）有利于统一专业目标。全过程工程咨询由一家公司成立项目管理部，由一个项目负责人统一管理和协调策划咨询、前期可研、工程设计、招标代理、投资控制、工程监理、施工阶段项目管理等各个专业的进度、质量、投资、安全、信息、合同方面的控制管理工作。项目采用全过程工程咨询有利于各咨询专业目标的统一、互补，避免目标

之间发生矛盾，减轻各专业工作之间的冲突。

（2）有利于专业之间信息的快速有效传达。传统工程咨询行业分别与业主签订合同，专业之间的信息传递均需通过业主传递。为了增强沟通的有效性和及时性，一般采用发送函件或由业主统一召开会议并以会议纪要的形式进行沟通和决议。全过程工程咨询的采用可以将这些专业之间的"外部沟通"转化为全过程工程咨询项目部的"内部沟通"，减少了流程上和地理上的信息传输障碍，有利于各专业进行更加有效地沟通。

（3）有利于专业间的衔接。工程咨询专业有着明显的按照工程阶段进行分割的特点，使得各专业之间具备明显的承上启下的特点，即上一专业的成果往往是下一专业进行的必要条件。因此，上一专业的结果对后续专业的进行有着重大影响。全过程工程咨询的实施使公司"外部"的各专业变成了项目"内部"的各专业，为各专业负责人提前接触上一专业工作内容提供了可能性。在上一专业成果产生过程中，本专业负责人可以预估上一专业成果对本专业的影响，提前避免可能发生的错误；上一专业产生的失误也可以由其后的专业及时发现并反馈、更正，避免类似问题的发生。

（4）有利于各专业打破知识界限。现阶段的工程咨询行业由建设单位与各专业承包单位单独签订合同，合同规定具体成果，专业承包人也只对合同规定的成果负责。专业承包人缺乏对本专业成果对后续专业具体工作影响的关注。例如，设计单位对施工流程、工艺缺乏了解，往往会导致产生违背施工工艺、流程的设计。全过程工程咨询由于对整个阶段的专业咨询工作负责，因此各专业工作的目的除了满足本阶段工作需求之外，还要保证专业成果有效指导后续专业工作。同时为了减少不必要的损失，专业负责人会提前了解并介入上一专业。由此，各专业的知识界限逐渐模糊并被打破，使工程信息具备连贯性，更有效地满足发包人的需求。

（5）有利于有效利用社会资源。不参与调试运行的传统工程咨询专业缺乏对项目投入使用后的运行情况的深入了解。全过程工程咨询针对项目全生命周期，可以充分了解项目前期专业成果对运行状况的不良影响，需要对前期所有工作产生的不良影响负责。因而全过程工程咨询企业会在此方面累积经验以增加竞争力，同时避免类似问题在后续项目中发生，避免社会资源的不必要浪费。

2. 建设项目全过程咨询的意义

将全过程工程咨询服务的工程咨询业务整体委托给一家企业，由该企业提供项目策划、可行性研究、环境影响评价报告、工程勘察、工程设计、工程监理、造价咨询及招标代理等工程咨询服务活动，可以有效提高投资决策水平、提升工程质量、节省投资、缩短工期，对深化建筑业供给侧结构性改革、加快产业转型升级和促进经济可持续发展具有重要意义。

3. 建设项目全过程咨询的必要性

全过程工程咨询并非最近提出的，国外的全过程工程咨询从 20 世纪 20 年代开始逐渐形成。在我国，随着社会的发展，全过程工程咨询推广的必要性变得日益突出。因此推广全过程工程咨询有如下必要性：

（1）社会专业分工发展的必然结果。随着社会的发展，建筑项目正在承载越来越多、越来越细的使用功能，提供更多服务。这导致建设项目的专业化服务需求变得更多、更深、更细，同时也导致工程咨询行业发展的分类越来越多，层次越来越深。建设单位对各咨询专业的指挥、协调变得越来越复杂和困难。因此出现对所有专业咨询单位进行共同协调的需求，全过程工程咨询恰好可以满足此种需求。

（2）符合建设单位日益增长的咨询服务需求。区别于 EPC、代建制等模式，全过程工程咨询更适应建设单位需求。全过程工程咨询的本质是咨询服务，智力成果便是全过程工程咨询公司提供的结果。全过程工程咨询企业不提供工程项目的设备供应、工程建造，所提供服务成果具备公正性。同时，咨询服务企业只是给雇主提供解决问题的方案，是否选择方案、是否需要修改方案的选择权仍然在建设单位手中。

（3）适应现阶段国家的发展趋势。2017 年 2 月 14 日，国务院办公厅发布《国务院办公厅关于促进建筑业持续健康发展的意见》（国办发〔2017〕19 号）提出："鼓励投资咨询、勘察、设计、监理、招标代理、造价等企业采取联合经营、并购重组等方式发展全过程工程咨询，培育一批具有国际水平的全过程工程咨询企业。"以及"制定全过程工程咨询服务技术标准和合同范本"。2019 年 3 月，国家发展改革委、住房和城乡建设部发布了《关于推进全过程工程咨询服务发展的指导意见》（发改投资规〔2019〕515 号），文中进一步指出：要"充分认识推进全过程工程咨询服务发展的意义，以全过程工程咨询推动完善工程建设组织模式，鼓励多种形式的全过程工程咨询服务市场化发展，优化全过程工程咨询服务市场环境"。通过推进全过程工程咨询的发展可以完善工程咨询服务技术标准与合同体系，增强咨询人才队伍建设与国际交流，解决投资者对综合性、跨阶段、一体化咨询服务日益增强的需求与先行单一服务供给模式之间的矛盾。

综上所述，全过程工程咨询的发展能满足工程建设的新需求，促进各专业发展融合，节省社会资源，此种模式已经在国外实行多年并起到重大作用。现阶段我国专业咨询服务已经发展成熟，推广全过程工程咨询势在必行。

1.3　建设项目全过程咨询的组织模式、业务范围和内容及优势

1. 建设项目全过程咨询的组织模式

组织是许多元素以某种方式相互连接的系统。组织模式是企业为提高竞争力而选择的不同组织形式，组织模式关注的是组织结构、组织内职能与责任分工、组织内流程等，重组和创新组织模型对于全过程工程咨询的实施是必要的。

全过程工程咨询是指对建设项目整个生命周期提供组织、管理、经济和技术等各有

关方面的工程咨询服务。全过程工程咨询服务实际上提供的是全过程的集成项目管理服务。全过程工程咨询担负着解决传统"碎片化"咨询服务中出现的目标不够统一、信息传导失败、管理出现裂缝等问题。在建设项目工程咨询中，项目管理与其他咨询服务业务相比，还是有很大的区别。主要区别在于项目管理在工程咨询服务中不仅具有管理性质，还具有咨询的特性。即在业主的授权下，对建设工程项目实施管理过程的同时也提供各专业咨询服务，并且使各专业咨询服务在管理过程中实现融合统一。

基于上述分析，本文提出全过程工程咨询可采取以项目管理为主，其他各专业为辅的组织模式。由项目管理公司主导与其他各专业公司进行融合从而实现综合管理咨询服务。以项目管理为主导，各专业在融合的过程中实现协同、优化与统筹，打通原先被分割的局面，从而形成完整的涵盖全生命周期的咨询服务体系。以项目管理为主导，其他各专业为辅的组织模式，并不是将项目管理与其他各专业的业务进行简单叠加，而是将各专业进行融合，在融合协同过程中也要兼顾各专业咨询服务利益，各专业咨询服务应按照建设项目总体的策划及部署实施，并且在项目总体目标的要求下实现集成。

2. 建设项目全过程咨询的业务范围和内容

（1）全过程咨询的业务范围。全过程工程咨询的业务范围是投资项目的全寿命周期，包括决策阶段、实施阶段（设计和施工）和运营阶段，具体由委托合同约定。

（2）全过程咨询的服务内容。全过程工程咨询的服务内容是合同委托范围内全过程（或相对全过程）实施的策划、控制和协调，以及单项或单项组合专业工程咨询。其服务内容可以简单表达为"1＋X"模式，其中：

1）"1"——全过程（或相对全过程）工程咨询管理服务，服务内容是全过程（或阶段全过程）的策划、控制和协调工作，是贯穿全过程的服务管理咨询。

2）"X"——专业工程咨询管理服务的集合，可以用（X_0，X_1，X_2，X_n）表达。承担全过程工程咨询的企业可以根据委托方意愿、自身服务能力、资质和信誉状况等承担其中的一项或多项专业工程咨询服务，"剩余"的其他专业工程咨询服务可以由委托方直接委托或全过程工程咨询企业通过转委托、联合体、合作体等方式统筹组织和管理。

3. 全过程咨询服务的优势

（1）全过程咨询有利于实现项目价值最大化。通过实施全过程咨询服务，特别是政府投资项目，可以充分以项目单位的使用需求为目标，利用专业领域跨度大、咨询服务范围广、业务综合能力强等特点，整合各类参建单位的优势资源，提高资源利用效率，以达到节约成本、提高项目投资效益及社会效益的目的。尤其是针对政府投资项目，能够有效破解"如何用最少的财政资金发挥出最大的社会效益"的难题。

（2）全过程咨询有利于提高咨询行业企业核心竞争力。通过开展全过程咨询服务，从事传统咨询行业的企业能够有效整合固定资产投资项目整个生命周期、全链条的优势企业、人力和资源，为项目单位提供包括可行性研究、初步设计及概算、环境影响评价等各阶段在内的跨阶段、综合性、一体化服务内容。尤其是对于处于投资决策阶段的政府投资项目而言，能够充分、科学、合理地论证固定资产投资项目的建设内容、建设规模，并按照相关法律法规、技术标准要求，深入分析影响投资决策阶段的各项因素。可以在项目建设方面实现节约工期、控制投资、明确责任、简化管理、降低风险，为项目建设提供增值服务，实现项目整体效益最大化。

（3）全过程咨询有利于改善营商环境。随着"放管服"改革的不断深入，现阶段，"营商环境"已经成为热点词汇，地方政府部门谈论最多的、各省份及同一省份内各地市相互比较最多的就是营商环境。例如 2019 年济南市人民政府办公厅印发《关于进一步深化"放管服"改革优化营商环境重点任务分工方案》，明确要求全市各级投资主管部门及固定资产投资项目相关审批部门"全面开展工程建设项目审批制度改革，压减审批时间和环节。"而全过程咨询能够有效地推动现有审批制度要求的各项前期手续有序推进，集中办理，最大限度压缩审批时限，确保项目早日落地实施，有利于改善项目所在地的营商环境。

1.4　建设项目咨询行业国内外现状

1. 国内工程咨询业的发展

（1）国内工程咨询业发展历程。我国工程咨询业从无到有、由小到大，取得了长足的发展，随着改革开放的深入和社会主义市场经济体制的确立，工程咨询产业化、工程咨询单位市场化步伐明显加快，行业规模显著扩大，人员素质不断提高，服务质量和水平稳步提升。总结中国工程咨询业的发展历程，大致可以分为萌芽、起步、与国际接轨和快速发展四个阶段。

萌芽阶段——"一五"期间，我国工程咨询业初步萌芽，当时我国的投资决策体制沿用苏联的模式，采用"方案研究""建设建议书""技术经济分析"等类似可行性研究的方法，取得了较好的效果，并由此成立了一批工程设计院。由这些设计院担任大量的工程设计及项目前期工作，但当时的咨询工作都是在政府指令性计划下完成的，服务内容和服务形式与现代化的咨询服务在深度和广度上均有所差异。

起步阶段——我国真正意义上的工程咨询业始于 20 世纪 80 年代初期。在此期间，我国工程咨询业务大部分属于工程前期项目咨询，机构大体上可分为两个部分，绝大部分是当时计划经济体制下诞生的勘察设计单位，其次是依托各级计经委等政府部门或建设银行等金融机构而成立的各类工程咨询服务公司。

1992 年，中国工程咨询协会的成立及 1994 年《工程咨询业管理暂行办法》的颁布标志着我国工程咨询行业正式形成，国家产业政策也明确把工程咨询纳入服务业。然而，此时从事战略性规划和工程项目后评价等业务的工程咨询机构比较少，工程咨询主业仍局限于前期论证和评估咨询，综合性工程咨询公司极少，而工程勘察设计单位的业务范围还是以工程勘察设计为主。

与国际接轨阶段——随着 1996 年中国工程咨询协会代表我国工程咨询业加入国际咨询工程师联合会（FIDIC）和 2001 年我国加入 WTO，我国政府机构改革、科研设计单位全面转制，在此契机下，国内各类工程咨询单位也进行了与政府机构的脱钩改制工作，工程咨询市场进一步放开。与此同时，国外工程咨询机构也开始大力开拓中国市场，在中国设立办事处或公司。国内工程咨询企业也开始尝试进入国际市场，我国工程咨询业进入了全面迎接国际竞争的时代。

快速发展阶段——2001 年，中国工程咨询协会启动了工程咨询单位资格认定实施办法的修订工作。

2002 年，人事部、国家计委决定对长期从事工程咨询工作、具有较高知识技术水平和丰富实践经验的人员，进行注册咨询工程师（投资）执业资格的认定工作。

2005 年，国家发展和改革委员会颁布实施《工程咨询单位资格认定办法》，并首次将工程咨询单位资格认定纳入行政许可。

2008 年，国务院正式明确了"指导工程咨询业发展"是国家发展和改革委员会的主要职能之一，在新中国历史上首次明确中国工程咨询业的归口管理部门。随后，国家发展和改革委员会编制印发了第一个工程咨询业发展纲要——《工程咨询业 2010—2015 年发展规划纲要》，由此，标志着一个法律法规、运行制度日益完善的行业发展态势和政府指导、行业自律、市场运作的工程咨询市场正在形成。

2010 年，国际咨询工程师联合会和中国工程咨询协会共同正式启动了 FIDIC 工程师培训和认证试点工作，进一步加快了我国工程咨询行业的国际化进程。

2012 年，工程咨询行业成为国家鼓励类产业目录并被列入《服务业发展"十二五"规划》，并于 2016 年列入《中华人民共和国国民经济和社会发展第十三个五年规划纲要》加快发展的生产性服务业。

2016 年，中国工程咨询协会出台了《工程咨询业 2016—2020 年发展规划》，分析了我国工程咨询行业发展状况和面临的形势，提出了工程咨询行业发展的总体要求、具体内容和政策措施建议。

2017 年，国务院《关于促进建筑业持续健康发展的意见》提出，完善工程建设组织模式，培育全过程工程咨询。鼓励投资咨询、勘察、设计、监理、招标代理、造价等企业采取联合经营，并购重组等方式发展全过程工程咨询，培育一批具有国际水平的全过程工程咨询企业。

2017 年，国家发展和改革委员会颁布《工程咨询行业管理办法》，取消行政许可，取消了准入门槛。行业管理由行政许可模式转为政府监管、行业自律、企业自主的管理模式，由静态管理转为动态管理，由事前许可管理转为事中事后监督管理。

此外，一批涉及工程咨询行业管理、市场准入、市场监管、质量控制的规范性文件陆续出台，各项鼓励支持工程咨询业发展的政策措施进一步落实，使工程咨询的行业认知度有效提升，行业自律管理与服务有效加强，行业发展环境持续优化。

（2）我国工程咨询企业的构成。

1）按照资质认定的不同管理部门进行划分。主要分为两大类别：

一类是由国家发展和改革委员会颁发工程咨询资质的企业或事业单位。主要为投资项目开展前期论证、评估等环节提供咨询服务，从业人员以注册咨询工程师（投资）为准入资格。此类称为"工程咨询（投资）机构"。

另一类是由住房和城乡建设部等其他政府部门颁发资质的工程咨询机构。包括投资建设项目的勘察设计、工程监理、工程造价咨询及工程招标代理等，从业人员也分别设置了相应的准入资格，如注册建筑师、注册结构工程师、注册监理工程师、注册造价工程师等。

2）按照工程咨询机构的性质和服务阶段划分，我国工程咨询机构主要由以下三类机构构成：

第一类，综合性工程咨询机构：主管部门为各地发展改革部门，承接业务范围涵盖全资建设项目的前期决策、勘察设计及实施阶段的咨询服务。其中，服务内容以项目前期决策咨询为主，项目实施阶段咨询为辅。

第二类，各行业的研究院、设计院以及咨询机构等：主管部门为国家各行业管理部门，承接业务范围涵盖从勘察设计到实施阶段的咨询服务。

第三类，企业性质的工程咨询机构，企业规模通常为中小型：承接业务范围涵盖投资建设项目的前期决策，勘察设计及实施阶段的咨询服务。该类工程咨询机构普遍具有相对科学的企业管理体制、运营体制和高效的员工激励机制，具有较为广阔的成长和发展空间，未来发展趋势良好。

（3）我国工程咨询行业的发展趋势。伴随着我国经济的快速发展、固定资产投资规模的不断扩大，我国工程咨询行业发展迅速，主要呈现以下特点和发展趋势：

1）行业实力明显增强。我国咨询行业规模稳步扩大，可持续发展的人才队伍日益壮大，具有国际竞争力的工程咨询公司（集团）不断增加，工程咨询单位体制机制改革创新力度不断加大，工程咨询行业差异竞争、优势互补、协调共进的多元化发展格局逐步形成。至2015年底，全行业年营业收入超过3万亿元，20家工程咨询企业进入《工程新闻记录（ENR）》"全球工程设计公司150强"，同时，有21家工程咨询企业进入"国际工程设计公司225强"。

2）市场化进程显著加快。2017年7月17日，国家发展和改革委员会投资司发布《工程咨询行业管理办法》（征求意见稿），该意见中不再提"工程咨询单位应取得工程咨询单位资格证书，在认定的专业和服务范围内开展工程咨询业务"等条款，工程设计、工程监理等也从咨询业务范围中去除。此外，2017 年 9 月 22 日，国务院印发《关于取消一批行政许可事项的决定》，该决定中也取消了工程咨询单位资格认定行政许可事项，放开工程咨询市场准入。由此，工程咨询行业的、产业化进程进一步加快，并进一步激发了工程咨询单位及市场的活力，从而可以更好地为经济社会发展服务。

3）业务范围有待充实。受我国国情影响，我国工程咨询服务在长期的建设过程中逐渐形成了分阶段分部门的特点。根据项目的建设过程，工程咨询业服务的过程大体上可分为：项目建设前期的策划、项目的可行性研究、勘察设计、招标和评标服务、合同谈判服务、施工管理（监理）、生产准备、调试验收与总结评价等。现阶段工程咨询单位主要集中在投资策划与可行性研究阶段，设计阶段还没有成形的咨询服务，而施工阶段由监理公司来承担建设项目的质量和工期的监督管理工作，造价环节由造价咨询公司来进行，其他阶段由其他单位完成，工程咨询单位的工作分开开展，由此很难实现全过程的控制与管理。

（4）我国工程咨询业面临的问题。与发达国家相比，我国工程咨询业起步较晚、基础薄弱，整体发展水平与经济社会发展的要求并不完全适应，制约行业发展的问题相对比较突出，具体如下：

1）行业法律法规不健全，现有法规尚未形成体系，工程咨询的法律地位和法律责任没有得到明确界定。

2）行业多头管理、政出多门，缺乏对全行业的统一指导。

3）全社会对工程咨询认识不足。工程咨询概念模糊，与国际通行的"为投资建设提供全过程服务"的理念存在差异，各类投资主体的咨询意识普遍淡薄，并且行业的社会认知度不高。

4）行业发展的政策环境不理想，收费结构不合理，对行业发展起引导、保障和扶持作用的相关政策缺位。

5）市场发育不健全，市场分裂割据，行政干预与地方保护现象较多，市场机制难以有效发挥作用，无序竞争现象严重。

6）缺乏统一的行业自律管理组织，行业自律管理与服务不完善。

7）工程咨询单位自身建设的力度有待加强。创新动力不足，咨询服务质量有待提高，高素质人才匮乏，管理体制及运行机制不灵活，信息化建设滞后，国际化水平低。

2. 国际工程咨询的发展

（1）国际工程咨询业的发展概况。工程咨询产生于 18 世纪末 19 世纪初的第一次产业革命，它是近代工业化进程下的产物。

19 世纪初，工程师一般受聘于政府部门和工厂企业，从事工业生产、工程设计和施工管理。19 世纪上半叶开始，随着西方国家工业革命和社会经济技术的发展，一部分工程师分离出来，凭着自身的专业技能和丰富经验，提供建筑工程咨询服务。随着从事工程咨询人员的增多，建筑领域开始出现行会组织。1818 年，英国建筑师约翰·斯梅顿组织成立了第一个土木工程师学会，1852 年美国建筑师学会成立。参加这些学会的土木工程师和建筑师，虽然没有冠名为咨询工程师，但他们从事的却是工程咨询性质的业务。1904 年，丹麦成立了国家咨询工程师协会，随后美国、英国、比利时、法国、瑞士等国也相继成立工程咨询协会，表明工程咨询作为一个独立行业已经在欧美一些国家形成。1913 年，国际咨询工程师联合会成立，由此标志着工程咨询作为一个独立行业，已经在世界范围内形成。

由上述分析可知，国际工程咨询业的发展大致经历了三个阶段：个体咨询阶段、合伙咨询阶段、综合咨询阶段。

个体咨询阶段——19 世纪，土木工程师和建筑师，独立承担从建筑工程建设中分离出来的技术咨询，这一时期的工程咨询活动带有分散性、随机性、经验性的特点。

合伙咨询阶段——20 世纪，工程咨询已从建筑业扩展到工业、农业、交通等领域，咨询形式也由个体独立咨询发展到合伙人公司，技术咨询水平进一步提高。

综合咨询阶段——第二次世界大战以后，工程咨询业又发生了三个变化：从专业咨询发展到综合咨询，从工程技术咨询发展到战略咨询，从国内咨询发展到国际咨询。同时出现了一批著名的工程咨询公司，如福陆公司（FLUOR），柏克德公司（Bechtel），奥雅纳（ARUP）工程咨询公司等。

20 世纪 50 年代，信息技术的产生和发展掀起了第三次产业革命的热潮，促进了工程咨询业的进一步发展，各行各业越来越普遍地使用工程咨询服务，促使工程咨询业在数量上出现了新的飞跃。此外，由于经济的发展，越来越突破民族经济和地缘经济的概念而变得日趋国际化，工程咨询服务也逐步走向国际化，随着国际经济技术交流与合作不断加强，发展中国家的工程咨询业也迅速崛起，并吸引了 AECOM（艾奕康），SWE-CO（斯维可）、福陆公司、BV（必维）、柏克德等一大批国际工程咨询企业进驻中国。

（2）欧美国家的工程咨询业。

1）美国的咨询服务业。美国咨询业十分发达，其咨询营业额占全球咨询市场的比重很大。美国工程咨询业针对客户经营环境日趋复杂多变、经营存在着管理水平低、人员素质低、技术人员和管理人员缺乏等问题，依靠自身对问题专业化研究的优势和长期咨询服务积累的丰富经验，为客户提供具有独立性和客观性的建议。同时可为企业提供专项研究方案、专门技术、新的管理方法、经营经验等。美国的咨询业注重服务的策略性与实用性，成为美国企业越来越依赖的重要智力支持力量。

美国工程咨询业具有以下特点：

① 政府扶持力度大。美国政府十分重视工程咨询业的市场需求，其主要做法是：帮助咨询公司打开业务渠道，充分保证咨询公司的业务来源；在咨询公司的管理方面，政府除了从税收、保险等方面通过经济手段加以调控外，还从审计等方面进行严格管理；

美国政府提倡用"外脑"、政府部门及企业习惯找咨询公司为其服务，咨询项目在招标的基础上公开竞争。此外，为鼓励咨询业的发展，政府还采取将企业的咨询费用可计入成本的方式来刺激企业对咨询的需求。

② 私有化程度高。从美国工程咨询业的发展规律来看，咨询业的主要动力是具有"企业性质"的民间咨询机构的介入，它们直接接受市场的考验，并将成为国家咨询产业的主要力量。例如，美国80%的咨询公司具有私营企业性质，它们一般不隶属于政府部门或企业单位，而是独立地选择或承担咨询项目，客观、中立的开展咨询业务，为企业提供具有"高附加值"的咨询服务。

③ 具有完善的服务体系。美国工程咨询业的构成比较合理，既有世界一流的大型咨询公司，又有众多专业分工非常细的小型咨询公司，已经形成了市场运作规范、专业化程度高、收费合理、相对稳定的服务体系。

④ 完善的人才资源管理机制。美国工程咨询业在人力资源的建设与开发方面也有许多成熟的做法。例如，严格的资格认证制度，人力资源的目标管理制度，为专业人员营造的客观性、公正性和科学性工作氛围，强调遵守其职业道德，以及设立相对独立的项目进度及质量的审查小组等。另外，通过采用激励机制、约束机制与良好文化氛围的互相作用方式，使得美国咨询业在人力资源管理方面机制更加完善。

2）英国的咨询服务业。英国咨询业历史悠久，经验丰富，服务范围大致可分为工程咨询以及产品、技术、经营管理咨询两大类。目前，全英国有900余家工程咨询公司，涵盖90多个专业，分别从事着工程咨询全过程的各项服务。英国工程咨询主体包括咨询工程公司、咨询合伙人公司和独立咨询工程师。主要的大中型咨询工程公司有284家，在设计和项目管理方面有着丰富的实践经验和人力资源，客户群也比较广泛。咨询合伙人公司一般是由多名有经验和资质的工程师合作经营的咨询实体，他们的客户大多来自英国国内，客户群相对稳定。独立咨询工程师是即将退休的或已退休的有着丰富咨询经验的工程师，他们多是在项目中以顾问或第三方咨询工程师的身份出现。

从咨询的业务权重来看，土木工程设计、房屋建筑设计、基础工程设计、路桥设计现场勘查、渠道工程设计、水处理系统设计、防洪工程设计、交通规划、施工安全咨询和铁路设计等业务占了整个英国咨询业务的75%，其余的25%包括电力系统设计、隧道工程、防火工程、石油管道工程和防震工程等。有时在业主委托下，咨询服务业也涉及工程项目管理或施工过程中的监理。由于英国国内咨询市场已被充分开发，咨询主体的利润率已被压缩到1%～3%左右，近些年来，一些颇具规模的咨询公司已把业务重点放到远东环太平洋地区和中东的迪拜，中国市场也是他们争夺的重中之重。

3）其他发达国家的咨询服务业。德国、法国两国工程咨询业都有着悠久的历史，在本国和世界多数国家的建设活动中起着重要作用。目前，这两个国家的咨询机构规模呈两极分布状态，以大型或小型公司发展。日本咨询业虽在20世纪60年代才兴起，但目前已进入稳步发展的阶段，日本政府成立了"日本海外工程咨询公司协会"，着力开拓海外咨询业务。此外，其他一些欧洲国家以及澳大利亚也都拥有实力强劲的工程咨询行业，并积极参与国际市场竞争。

复习思考题

1. 建设项目全过程咨询的特点有哪些？
2. 建设项目全过程咨询的意义是什么？
3. 建设项目全过程咨询有哪些必要性？
4. 建设项目全过程咨询业务范围和内容分别是什么？
5. 全过程咨询服务的优势有哪些？

第 2 章

建设项目决策阶段咨询管理

本章学习目标

通过本章的学习，可以初步掌握建设项目决策阶段咨询管理、决策阶段编制项目建议书、项目决策阶段土地管理的原则、土地使用权的概念、土地使用权的取得方式、决策阶段项目可行性研究、项目申请、资金申请、前期策划、投资估算等相关内容。

重点掌握：决策阶段编制项目建议书、土地使用权的取得方式。

一般掌握：决策阶段项目可行性研究。

本章学习导航

建设项目决策阶段咨询管理		项目决策阶段咨询管理概述
		决策阶段编制项目建议书
		项目决策阶段土地管理的原则
		土地使用权
		土地开发的工作内容一览表
		决策阶段项目可行性研究
		决策阶段项目资金申请
		决策阶段项目前期策划
		项目决策阶段前期评估咨询
		决策阶段项目安全风险评价
		决策阶段项目投资估算

2.1　项目决策阶段咨询管理概述

建设项目决策阶段需要确定建设项目目标，项目目标分为宏观目标和具体目标两个层次。宏观目标是指项目建设对国家、地区、部门或行业要达到的整体发展目标所产生的积极影响和作用；具体目标是指项目建设所要达到的直接效果。具体目标主要包括：效益目标、规模目标、功能目标、市场目标。

重点解决"该不该建、在哪建、建什么、建多大、何时建、如何实施、如何规避风险、谁来运营、产生什么社会效应和经济效益"等重大问题，所确定的项目目标，对工程项目长远经济效益和战略方向起着关键性和决定性作用。

建设项目在决策阶段的主要工作包括项目建议书、可行性研究报告（包括确定投资目标、风险分析、建设方案等）、运营策划、评估报告（包括节能评估报告、环境影响评价、安全评价、社会稳定风险评价、地质灾害危险性评估、交通影响评价以及水土保持方案）等相关报告的编制以及报送审批工作。从项目建议书到可行性研究报告，是一个由粗到细、由浅入深，逐步明确建设项目目标的过程。

在投资人具有投资意向时，全过程工程咨询单位即可介入项目策划。

1. 决策阶段工作流程

建设项目决策阶段的参与主体主要包括投资人、运营人、全过程工程咨询单位、政府相关行政审批部门等，建设项目决策阶段的工作流程如图 2-1 所示。

2. 决策阶段各参与方的工作职责关系

在决策阶段，主要参与方有投资人、运营人、全过程工程咨询单位和政府相关行政审批部门，各参与方的主要职责体现在以下五个方面。

（1）编制项目决策成果文件。全过程工程咨询单位专业咨询工程师的工作内容主要包括项目建议书、可行性研究报告（包括确定投资目标、风险分析、建设方案等）、运营策划、评估报告（包括节能评估报告、环境影响评价、安全评价、社会稳定风险评价、地质灾害危险性评估、交通影响评价以及水土保持方案）等相关报告的编制以及报送审批工作。

（2）审核项目决策成果文件。全过程工程咨询单位的总咨询师审核编制完成成果文件，审核文件的合法性、合理性、合规性、系统和完整性、可实施性，并提交投资人确认。相关部门审批后可作为下阶段的指导性文件。

（3）确认项目决策成果文件。投资人确认决策成果文件是否满足其要求，是否具有可实施性。

（4）申报项目决策成果文件。投资人或全过程工程咨询单位将确认的决策成果文件申报政府相关行政审批部门。

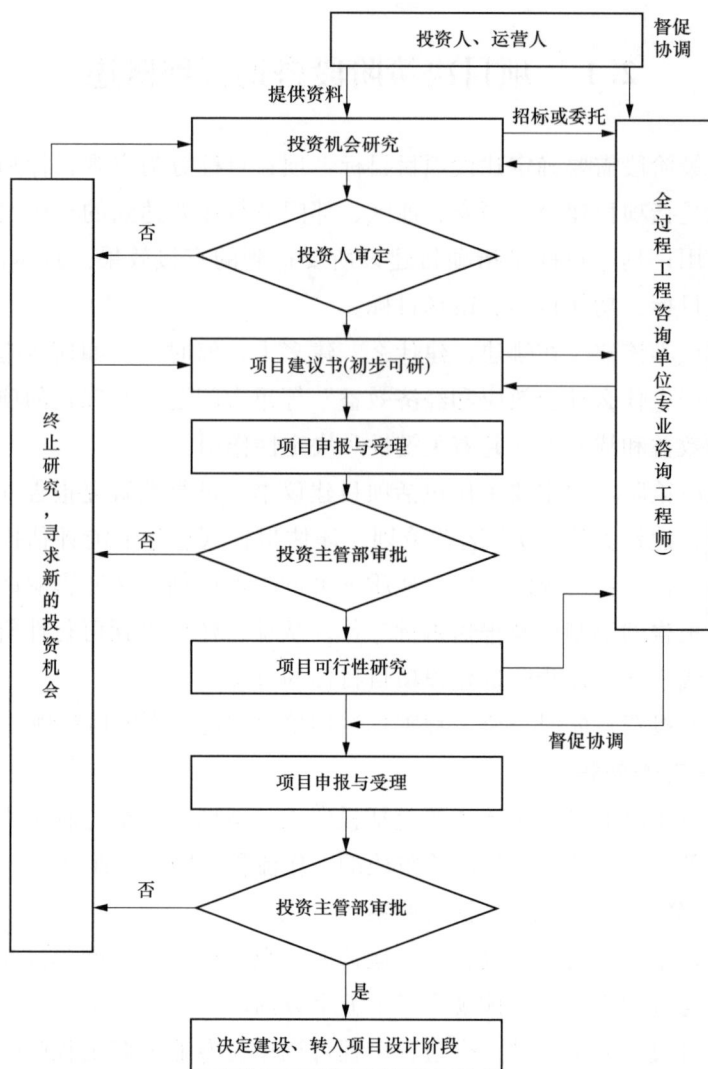

图 2-1 建设项目决策阶段的工作流程

（5）审批/备案决策成果文件。政府相关行政审批部门，根据国家与当地的相关政策文件对决策成果文件进行审批或者备案。

在项目决策阶段，各参与方的工作职责见表 2-1。

表 2-1 各参与方的工作职责

阶段	序号	工作任务	编制	审核	确认	申报	审批/备案
决策阶段	1	项目建议书	专业咨询工程师	总咨询师	投资人	投资人/全过程咨询机构	投资主管部门
	2	环境影响评价报告	专业咨询工程师	总咨询师	投资人	投资人/全过程咨询机构	环境保护行政主管部门

18

阶段	序号	工作任务	编制	审核	确认	申报	审批/备案
决策阶段	3	节能评估报告	专业咨询工程师	总咨询师	投资人	投资人/全过程咨询机构	投资主管部门
	4	可行性研究报告	专业咨询工程师	总咨询师	投资人	投资人/全过程咨询机构	投资主管部门
	5	安全评估报告	专业咨询工程师	总咨询师	投资人	投资人/全过程咨询机构	其他行政主管部门
	6	社会稳定风险评价报告	专业咨询工程师	总咨询师	投资人	投资人/全过程咨询机构	其他行政主管部门
	7	水土保持方案	专业咨询工程师	总咨询师	投资人	投资人/全过程咨询机构	其他行政主管部门
	8	地质灾害危险性评估报告	专业咨询工程师	总咨询师	投资人	投资人/全过程咨询机构	其他行政主管部门
	9	交通影响评价报告	专业咨询工程师	总咨询师	投资人	投资人/全过程咨询机构	其他行政主管部门

2.2　决策阶段编制项目建议书

1. 项目建议书

项目建议书（或初步可行性研究报告）是要求建设某一具体项目的建议文件，是基本建设程序中最初阶段的工作，是投资决策前对拟建项目的轮廓设想，其主要作用是论述一个拟建建设项目建设的必要性、条件的可行性和获得的可能性，供投资人或建设管理部门选择并确定是否进行下一步工作。项目建议书报经投资主管部门批准后，可以进行可行性研究工作，但并不表明项目非进行不可，项目建议书不是项目的最终决策。

（1）依据。

1）国家相关规定。

① 国民经济的发展、国家和地方中长期规划。

② 产业政策、生产力布局、国内外市场、项目所在地的内外部条件。

③ 有关机构发布的工程建设方面的标准、规范、定额。

④ 其他相关的法律、法规和政策。

2）建设项目资料。

① 投资人的组织机构、经营范围、财务能力等。

② 项目资金来源落实材料。

③ 项目初步设想方案，如总投资、产品及介绍、产量、预计销售价格、直接成本及清单。

④ 联合建设的项目需提交联合建设合同或协议。

⑤ 根据不同行业项目的特殊要求需要的其他相关资料。

⑥ 全过程工程咨询单位的知识和经验体系。

⑦ 其他与项目相关的资料。

（2）内容。项目建议书的编制是按照建设项目的隶属关系，根据国民经济和社会发展的长远规划、行业规划、地区规划及经济建设的方针、任务和技术经济政策等要求，结合资源情况、建设条件、投资人的战略、投资人的资历等，在广泛调查研究、收集资料、踏勘建设地点、初步分析投资效果的基础上由专业咨询工程师进行编制。

2. 项目建议书的编制要点

（1）重点论证项目建设的必要性。

（2）全面掌握宏观信息，即国家经济和社会发展规划；行业或地区规划、线路周边自然资源等信息。

（3）根据项目预测结果，并结合用地规划情况及和同类项目类比的情况，论证提出合理的建设规模。

（4）尽可能全面地勾画项目的整体构架，减少较大建设内容的遗漏。

3. 项目建议书一般应包含的内容

（1）总论。包括：项目提出的背景和概况、问题与建议。

（2）市场预测。包括预测产品在国内、国际市场的市场容量及供需情况，初步选定目标市场、价格走势初步预测，识别有无市场风险。

（3）资源条件评价。包括：资源可利用量、资源品质情况、资源赋存条件、资源开发价值。

（4）建设规模与产品方案。包括：初步确定建设规模及理由和主要产品方案。

（5）场址选择。包括：场址所在地区选择（规划选址）、场址初步比选、绘制场址地理位置示意图。

（6）技术设备工程方案。包括：技术方案、主要设备初步方案和主要建/构筑物初步方案。

（7）原材料、燃料供应。

（8）总图运输与公用辅助工程。包括：列出项目构成、绘制总平面布置图和主要的公用工程方案。

（9）环境影响评价。包括：环境条件调查、影响环境因素分析、环境保护初步方案。

（10）组织机构与人力资源配置。包括估算项目所需人员数量。

（11）项目实施进度。包括初步确定建设工期。

（12）投资估算。包括初步估算项目建设投资和流动资金。

（13）融资方案。包括：资本金和债务资金的需要数额和来源设想。

（14）财务评价。包括：盈利能力分析、偿债能力分析和非营利性项目财务评价。

（15）国民经济评价与社会评价。包括：初步计算国民经济效益和费用、经济内部收益率和以定性描述为主的社会评价。

（16）风险分析。包括：初步识别主要风险因素和初步分析风险影响程度。

（17）研究结论与建议。包括：概括提出项目建设的必要性、在哪建、建什么、建多大、何时建、谁来运营、有何风险、有何收益等，提出是否可以进行下一步工作的明确意见和建议，并针对需要进一步研究解决的问题，提出措施建议。

4. 程序

项目建议书编制阶段的编制工作流程为：全过程工程咨询单位组建项目组—专业咨询工程师搜集资料、踏勘现场—专业咨询工程师编制项目建议书—总咨询师审核项目建议书—投资人确认项目建议书—投资人/全过程工程咨询单位申报项目建议书—投资主管部门审批项目建议书。

项目建议书编制工作程序，如图 2-2 所示。

5. 注意事项

（1）要充分了解国家、地方的相关法规、政策，紧密结合自身行业的特点论证，项目建设目标要与国家、地区、部门、行业的宏观规划目标一致。

（2）要通过广泛地考察、调研，借鉴同行业的经验，资料数据一定要准确、可靠，要有较强的说服力。此外，不同的行业有不同的编制标准，应当根据项目自身的特点及相关政策文件进行编制。

（3）项目建议书评估要点。

1）主要解决项目建设的必要性问题。

2）必要性的审核：

① 定性分析：政策因素、效果因素等。

② 定量分析：规划、项目定位、交通需求预测等。

③ 重点是与政策、规划的一致性问题。

3）投资估算审核。多采用简单估算法（包括单位生产能力估算法、生产能力指数法、比例估算法、系数估算法和指标估算法等）。

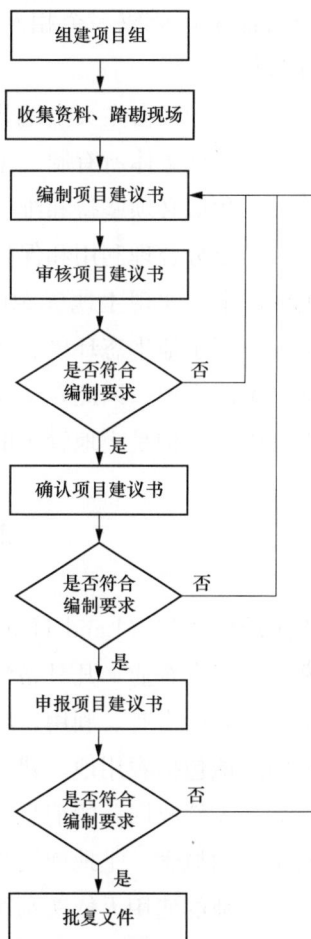

图 2-2 项目建议书编制工作程序

2.3 项目决策阶段土地管理的原则

（1）土地管理必须遵守国家的法律法规。土地管理过程要始终贯彻法制原则，严格实施法律监督，做到有法可依、有法必依、执法必严、违法必究。目前，我国已建立了以《土地管理法》《城市房地产管理法》《城乡规划法》《物权法》和《农村土地承包法》《农村土地承包经营纠纷调解仲裁法》为主体的一系列土地法规政策，为依法管理土地提供了法律依据。

（2）统一管理原则。土地利用涉及城乡和各行业、各种用途的用地，必须坚持城乡土地统一管理的原则。一方面，把全国土地作为一个整体，实行城乡地政的统一管理；另一方面，要求在土地管理部门及其工作人员合理分工的基础上进行有效的密切合作，形成一个相互协作、协调统一的管理结构，发挥整体功能，实现土地管理目标。

（3）维护社会主义土地公有制原则。我国实行土地的社会主义公有制，即全民所有制和劳动群众集体所有制。土地公有制是我国社会主义制度的物质基础，因此，进行土地管理，我们必须坚持和维护社会主义土地公有制。

（4）充分合理利用和保护土地原则。土地管理的根本目标在于满足经济社会发展对土地的需求，实现土地资源的可持续利用。而要实现这一目标，就必须切实保护好土地，保护好土地生态环境、防止水土流失、土地沙化等破坏土地现象的发生；否则这一目标就难以实现。因此，从这个意义上来说，实现对土地资源的充分、科学、合理、有效地利用和保护是土地管理的基本准则。

2.4　土地使用权的概念

土地使用权（Land Use Rights）是指国家机关、企事业单位、农民集体和公民个人，以及三资企业，凡具备法定条件者，依照法定程序或依约定对国有土地或农民集体土地所享有的占有、利用、收益和有限处分的权利。土地使用权是外延比较大的概念，这里的土地包括农用地、建设用地、未利用地的使用权。2011 年 1 月，一则"土地使用期满后会无偿收回"的消息引起各方关注。土地使用权与土地所有权是土地法规中最基本最重要的概念。土地使用权是中国土地使用制度在法律上的体现，国有土地使用权是指国有土地的使用人依法利用土地并取得收益的权利，国有土地使用权的取得方式有划拨、出让、出租、入股等。而农民集体土地使用权是指农民集体土地的使用人依法利用土地并取得收益的权利。

2.5　土地使用权的取得方式

土地使用权获取方式主要有出让、划拨、转让三种方式。

1. 以出让方式取得国有土地使用权

（1）内涵：土地使用权出让，是指国家将土地使用权在一定年限内出让给土地使用者，由土地使用者向国家支付土地使用权出让金的行为。

（2）出让方式：招标、拍卖、挂牌、协议。

（3）年限：土地使用权出让最高年限：居住用地七十年，工业用地五十年，教育、科技、文化、卫生、体育用地五十年，商业、旅游、娱乐用地四十年，综合或者其他用地五十年。

2. 以招标拍卖挂牌方式出让土地使用权

（1）土地招标。招标出让国有土地使用权，是指市、县人民政府土地行政主管部门发布招标公告，邀请特定或者不特定的公民、法人和其他组织参加国有土地使用权投标，根据投标结果确定土地使用者的行为。

在招标出让中土地主管部门要根据出让土地的具体情况编制招标文件，并实施投标的登记，投标人在登记时必须缴纳投标保证金，并提交营业执照的副本，法人代表人证明等文件。投标人在按照招标文件的要求编制标书后，在规定的时间内将标书密封投入指定标箱。开标后，经由专家组成的评标委员会按照招标文件规定的评标标准对投标企业提交的投标文件进行评审。中标人确定后，招标人应向中标人发出《中标通知书》，中标人则在《中标通知书》约定的时间，按照招标文件与土地管理部门签订《国有土地使用权出让合同》。公开招标的投标单位不能少于三家，如果少于三家则招标人应当停止开标。在公开招标中投标企业投标的价格是重要的评标因素，但评标委员会为了防止土地开发的后续资金无法到位，出现土地闲置浪费现象，开发商的从业经验和实力也是评标委员们重点关注的要点。

（2）土地拍卖。拍卖出让国有土地使用权，是指市、县人民政府土地行政主管部门发布拍卖公告，由竞买人在指定时间、地点进行公开竞价，根据出价结果确定土地使用者的行为。

土地的主管部门根据被拍卖土地的特征编制拍卖文件，竞买人在竞买申请截止日期前提出竞买申请，交纳不少于拍卖文件规定的保证金，并同样提交法定代表人证明书等资信证明。竞买人通过审查后，得到印有编号的竞买标志牌，拍卖会在拍卖公告规定的时间、地点进行。参加的竞买人同样不能少于三人，否则应终止拍卖。在拍卖中最终的成交价格必须高于拍卖方所制定的底价，否则也需终止拍卖。拍卖成交后，竞得人按照《拍卖成交书》规定的时间和土地管理部门签订《国有土地使用权出让合同》。土地拍卖中最重要的原则是"价高者得"，与其他形式的拍卖原理相同。

（3）土地挂牌。挂牌出让国有土地使用权，是指市、县人民政府土地行政主管部门发布挂牌公告，按公告规定的期限将拟出让宗地的交易条件在指定的土地交易场所挂牌公布，接受竞买人的报价申请并更新挂牌价格，根据挂牌期限截止时的出价结果确定土地使用者的行为。

政府土地主管部门编制挂牌文件，竞买人在规定日期前提出竞买申请，按规定交纳保证金、提交法定代表人证明书等资信证明后提交竞买申请书。在挂牌文件规定的挂牌起始日期，挂牌人应该将挂牌宗地的位置、面积、用途、使用年限、规划要求、起始价、增价规则、增价幅度等内容，在土地交易市场挂牌公布，符合条件的竞买人应按照文件的要求填写竞买报价单，在挂牌期限内竞买人可多次报价。如果在挂牌期限内只有一个竞买人，且报价不低于挂牌底价，并符合其他交易条件，挂牌成交；在挂牌期限内有两个或两个以上竞买人报价的，报价最高者为竞得人；报价相同的，先提交报价单者为竞得人，但报价低于底价者除外；在挂牌期限内无应价者或者竞买人的报价均低于底价或均不符合其他交易条件的，挂牌不成交。挂牌交易的挂牌期限不得少于十个工作日。竞买人确定后，挂牌人应当向竞买人发出《挂牌成交确认书》。竞得人应该根据《挂牌成交确认书》所约定的时间与市国土房管局签订《国有土地使用权出让合同》。挂牌同样遵循"价高者得"的原则，不同之处在于不是现场报价。由于挂牌是以书面的形式报价，所引发的关注程度及曝光度不如招标与拍卖。招标拍卖挂牌出让土地使用权范围：

1）供商业、旅游、娱乐、工业用地和商品住宅等各类经营性用地以及有竞争要求的工业用地；

2）其他土地供地计划公布后一宗地有两个或者两个以上意向用地者的；

3）划拨土地使用权改变用途，《国有土地划拨决定书》或法律、法规、行政规定等明确应当收回土地使用权，实行招标拍卖挂牌出让的；

4）划拨土地使用权转让，《国有土地划拨决定书》或法律、法规、行政规定等明确应当收回土地使用权，实行招标拍卖挂牌出让的；

5）出让土地使用权改变用途，《国有土地划拨决定书》或法律、法规、行政规定等明确应当收回土地使用权，实行招标拍卖挂牌出让的；

6）法律、法规、行政规定明确应当招标拍卖挂牌出让的其他情形。

3. 以协议方式取得国有土地使用权（此方式目前基本不采用）

协议出让，是指土地使用权的有意受让人直接向国有土地的代表提出有偿使用土地的愿望，由国有土地的代表与有意受让人进行谈判和切磋，协商出让土地使用的有关事宜的一种出让方式。它主要适用于工业项目、市政公益事业项目、非盈利项目及政府为调整经济结构、实施产业政策而需要给予扶持、优惠的项目，采取此方式出让土地使用权的出让金不得低于国家规定所确定的最低价。以协议方式出让土地使用权，没有引入竞争机制，不具有公开性，人为因素较多，因此对这种方式要加以必要限制，以免造成不公平竞争、以权谋私及国有资产流失。

（1）协议出让国有土地使用权范围。出让国有土地使用权，除依照法律、法规和规章的规定应当采用招标、拍卖或者挂牌方式出让，方可采取协议方式，主要包括以下情况：

1）供商业、旅游、娱乐和商品住宅、工业用地等各类经营性用地以外用途的土地，其供地计划公布后同一宗地只有一个意向用地者的；

2）原划拨、承租土地使用权申请办理协议出让，经依法批准，可以采取协议方式，但《国有土地计划决定书》《国有土地租赁合同》、法律、法规、行政规定等明确应当收回土地使用权重新公开出让的除外；

3）划拨土地使用权转让申请办理协议出让，经依法批准，可以采取协议方式，但《国有土地划拨决定书》、法律、法规、行政规定等明确应当收回土地使用权重新公开出让的除外；

4）出让土地使用权人申请续期，经审查准予续期的，可以采用协议方式。

（2）禁止性规定。

1）以协议方式出让国有土地使用权的出让金不得低于按国家规定所确定的最低价。

2）协议出让最低价不得低于新增建设用地的土地有偿使用费、征地（拆迁）补偿费用以及按照国家规定应当缴纳的有关税费之和，有基准地价的地区，协议出让最低价不得低于出让地块所在级别基准地价的70%。低于最低价时国有土地使用权不得出让。

4. 以划拨方式取得国有土地使用权

（1）内涵：土地使用权划拨，是指县级以上人民政府依法批准，在土地使用者缴纳补偿、安置等费用后将该幅土地交付其使用，或者将土地使用权无偿交付给土地使用者使用的行为。即划拨土地使用权不需要使用者出钱购买土地使用权，而是经国家批准其无偿的、无年限限制地使用国有土地。但取得划拨土地使用权的使用者依法应当缴纳土地使用税。

（2）年限：以划拨方式取得土地使用权的，除法律、行政法规另有规定外，没有使用期限的限制。虽然无偿取得划拨土地使用权没有年限限制，但因土地使用者迁移、解散、撤销、破产或者其他原因而停止使用土地的，国家应当无偿收回划拨土地使用权，并可依法出让。因城市建设发展需要和城市规划的要求，也可以对划拨土地使用权无偿收回，并可依法出让。无偿收回划拨土地使用权的，其地上建筑物和其他附着物归国家所有，但应根据实际情况给予适当补偿。

（3）以划拨方式取得国有土地使用权的情形：根据《城市房地产管理法》第二十四条的规定，下列建设用地的土地使用权，确属必需的，可以由县级以上人民政府依法批准划拨：①国家机关用地和军事用地；②城市基础设施用地和公益事业用地；③国家重点扶持的能源、交通、水利等项目用地；④法律、行政法规规定的其他用地。以划拨方式取得土地使用权的，经主管部门登记、核实，由同级人民政府颁发土地使用权证。

（4）转让、出租、抵押的限制性规定：划拨土地使用权一般不得转让、出租、抵押，但符合法定条件的也可以转让、出租、抵押：即土地使用者为公司、企业、其他组织和个人，领有土地使用权证，地上建筑物有合法产权证明，经当地政府批准其出让并补交土地使用权出让金或者以转让、出租、抵押所获收益抵交出让金。未经批准擅自转让、出租、抵押划拨土地使用权的，没收其非法收入，并根据其情节处以相应罚款。

5. 以转让方式取得国有土地使用权

（1）内涵：土地使用权转让是指土地使用者将土地使用权再转移的行为，即土地使用者将土地使用权单独或者随同地上建筑物、其他附着物转移给他人的行为。原拥有土地使用权的一方称为转让人，接受土地使用权的一方称为受让人。

（2）转让方式：包括出售、交换和赠与等。

（3）禁止性规定：未按土地使用权出让合同规定的期限和条件投资开发、利用土地的，土地使用权不得转让。

（4）年限：土地使用者通过转让方式取得的土地使用权，其使用年限为土地使用权出让合同规定的使用年限减去原土地使用者已使用年限后的剩余年限。

（5）"房地一并转移"：土地使用权转让时，其地上建筑物、其他附着物所有权随之转让。地上建筑物、其他附着物的所有人或者共有人，享有该建筑物、附着物使用范围内的土地使用权。土地使用者转让地上建筑物、其他附着物所有权时，其使用范围内的土地使用权随之转让，但地上建筑物、其他附着物作为动产转让的除外。

（6）土地使用权转让价格明显低于市场价格的，市、县人民政府有优先购买权。土地使用权转让的市场价格不合理上涨时，市、县人民政府可以采取必要的措施。

补充说明："项目收购获取土地的方式"属于转让的范畴，具体内涵是通过收购项目公司的股份达到获得项目公司所拥有土地的目的。

收购项目公司的优点：

1）避免了直接公开购买土地带来的竞争和麻烦，手续简单，便于操作。

2）节省了直接转让土地需要缴纳的各种税费。

3）可直接拥有原项目的开发人员，开发快捷。

收购项目公司的缺点：

1）存在人员整合的风险。

2）可能存在原公司财务、法律方面的遗留问题，需注重前期调查。

2.6　土地开发的工作内容一览表

土地开发从广义上来讲指因人类生产建设和生活不断发展的需要，采用一定的现代科学技术的经济手段，扩大对土地的有效利用范围或提高对土地的利用深度所进行的活动。包括对尚未利用的土地进行开垦和利用，以扩大土地利用范围，也包括对已利用的土地进行整治，以提高土地利用率和集约经营程度。

从狭义的角度理解，土地开发主要是对未利用土地的开发利用，要实现耕地总量动态平衡，未利用土地开发是补充耕地的一种有效途径。

土地开发一般分为一级开发和二级开发。土地一级开发，是指政府实施或者授权其他单位实施，按照土地利用总体规划、城市总体规划及控制性详细规划和年度土地一级开发计划，对确定的存量国有土地、拟征用和农转用土地，统一组织进行征地、农转用、拆迁和市政道路等基础设施建设的行为，包含土地整理、复垦和成片开发。土地二级开发是指土地使用者从土地市场取得土地使用权后，直接对土地进行开发建设的行为。通过结合二级市场的需求现状，各主要经济区域土地开发市场发展现状与潜力及土地开发行业外部宏观环境，为相关开发企业及投资机构研究分析、阐明土地一级开发市场的投资前景与机会、盈利模式及如何做到风险规避。

长时期以来，我国土地一级开发市场由政府垄断，市场化运作经验缺失，"土地出让""一二级联动"等土地开发模式占据主流。但从近些年土地开发业务的发展情况来看，土地一级开发越来越成为一项独立的业务，"政府主导、市场化运作"趋势明显。在大力推进城镇化建设背景下，各级地方政府都面临新城扩张和旧城改造升级的压力，对新增建设用地和存量建设用地的开发需求放量增长，政府建设融资需求大增，土地一级开发迎来市场化蜕变良机。

不少企业及投资机构开始在土地一级开发市场布局，进入企业呈递增趋势。目前业内竞争者主要包括各级政府的城投公司，如云南城投、中天城投等；建筑类企业，如中国中铁、中南建设等；房地产及其他综合类企业，如北京城建、天房发展等。市场呈现出较为明显的地域特征，开发规模较小，缺乏区域间的资源整合和有效竞争，尚未出现跨区域运作的专业品牌开发企业，与二级开发市场的市场化程度相差甚远。

随着城镇化进程的加快，土地作为一种稀缺资源，政府将更加严格地对其进行管理和控制。在政府主导的土地一级开发市场上，那些具备较强实力且具有良好运作模式的投资人将更受政府青睐，有机会取得更多的市场份额，并以此树立企业品牌。土地开发的一系列流程如图 2-3～图 2-11 所示。

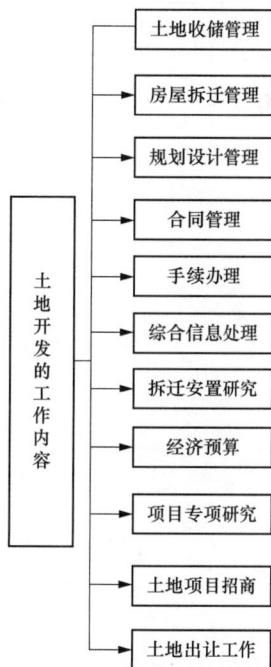

图 2-3　土地开发的工作内容

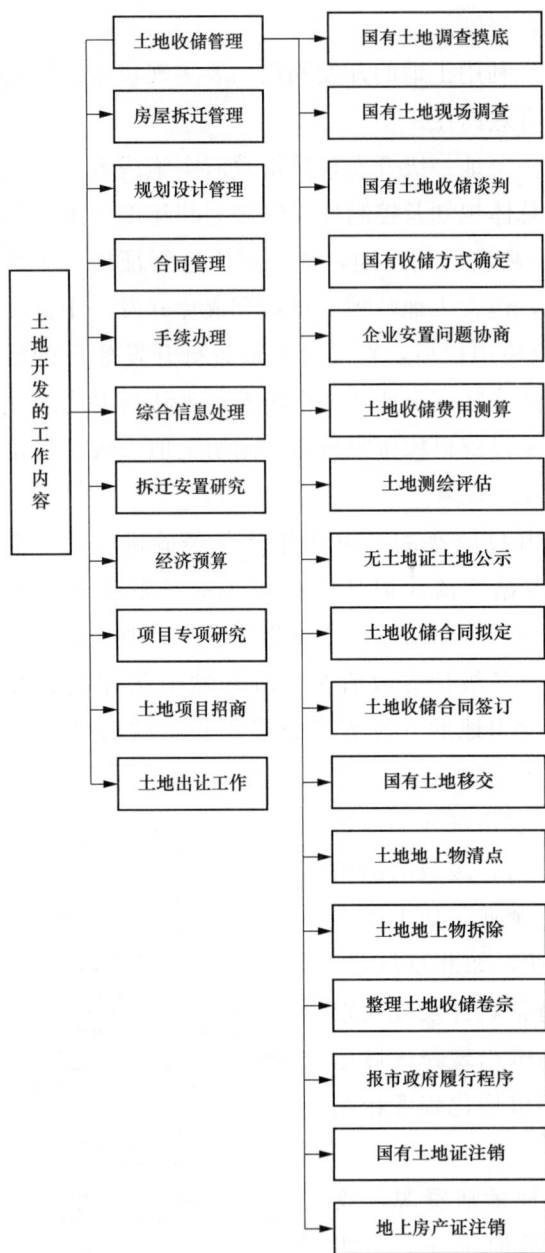

图 2-4 土地收储管理

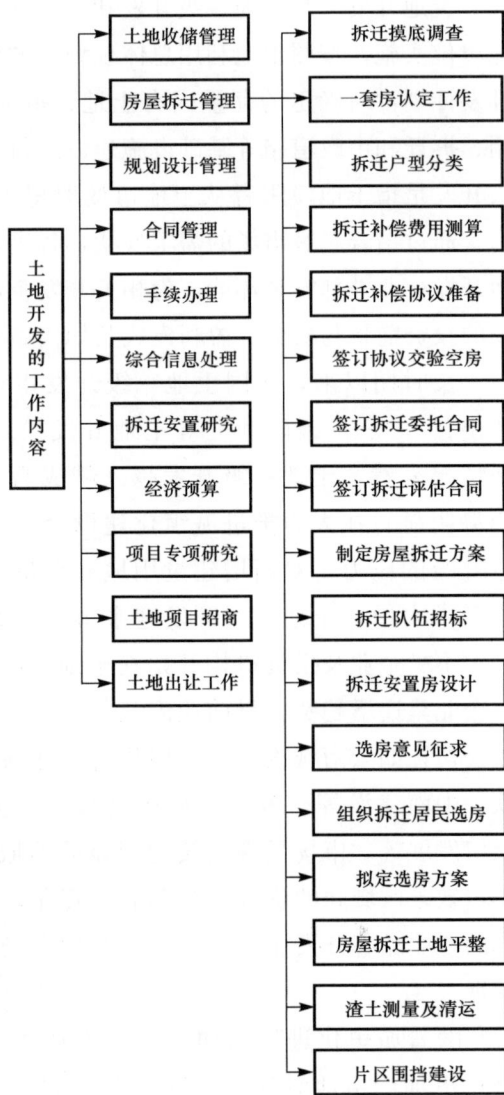

土地开发的工作内容		
	土地收储管理	国有土地调查摸底
	房屋拆迁管理	国有土地现场调查
	规划设计管理	国有土地收储谈判
	合同管理	国有收储方式确定
	手续办理	企业安置问题协商
	综合信息处理	土地收储费用测算
	拆迁安置研究	土地测绘评估
	经济预算	无土地证土地公示
	项目专项研究	土地收储合同拟定
	土地项目招商	土地收储合同签订
	土地出让工作	国有土地移交
		土地地上物清点
		土地地上物拆除
		整理土地收储卷宗
		报市政府履行程序
		国有土地证注销
		地上房产证注销

图 2-4 土地收储管理

土地开发的工作内容		
	土地收储管理	拆迁摸底调查
	房屋拆迁管理	一套房认定工作
	规划设计管理	拆迁户型分类
	合同管理	拆迁补偿费用测算
	手续办理	拆迁补偿协议准备
	综合信息处理	签订协议交验空房
	拆迁安置研究	签订拆迁委托合同
	经济预算	签订拆迁评估合同
	项目专项研究	制定房屋拆迁方案
	土地项目招商	拆迁队伍招标
	土地出让工作	拆迁安置房设计
		选房意见征求
		组织拆迁居民选房
		拟定选房方案
		房屋拆迁土地平整
		渣土测量及清运
		片区围挡建设

图 2-5 房屋拆迁管理

土地收储管理 —— 国有土地收储合同

房屋拆迁管理 —— 国土收储补充协议

规划设计管理 —— 土地收储合作协议

合同管理 —— 房屋拆迁安置协议

—— 拆迁产权调换协议

手续办理 —— 安置房购买协议

综合信息处理 —— 拆迁委托合同

拆迁安置研究 —— 拆迁评估委托合同

经济预算 —— 扬尘控制管理协议

项目专项研究 —— 拆迁资金监管协议

土地项目招商 —— 旧城改造合作协议

土地出让工作 —— 土地熟化协议

安置房代建合同

解除租赁合同协议

商业房购买协议

渣土清运施工协议

围挡广告合作协议

土地开发的工作内容

规划许可公示

规划策划委托

规划策划审批

住宅设计户型要求

非住宅设计要求

规划设计委托

方案意见汇总反馈

分析委托

设计变更调整

设计方案审查

设计方案公示

选房设计局部调整

商业及车库分割

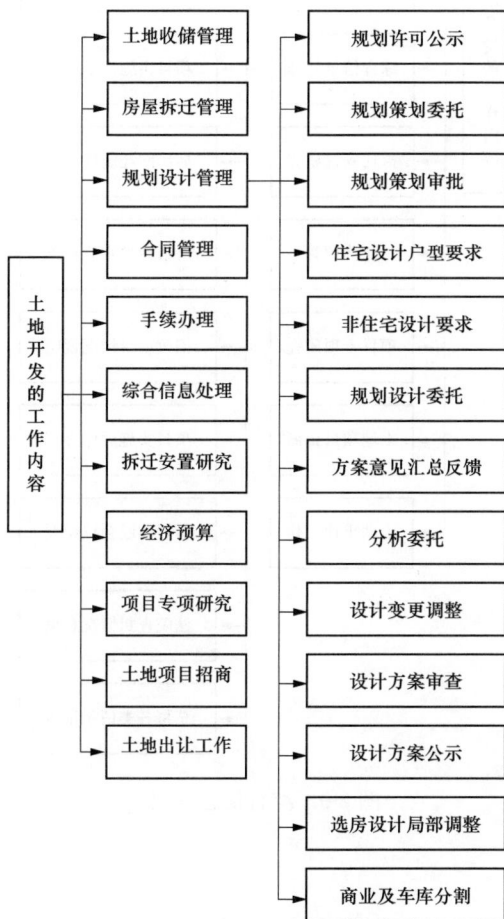

图 2-6　规划设计管理

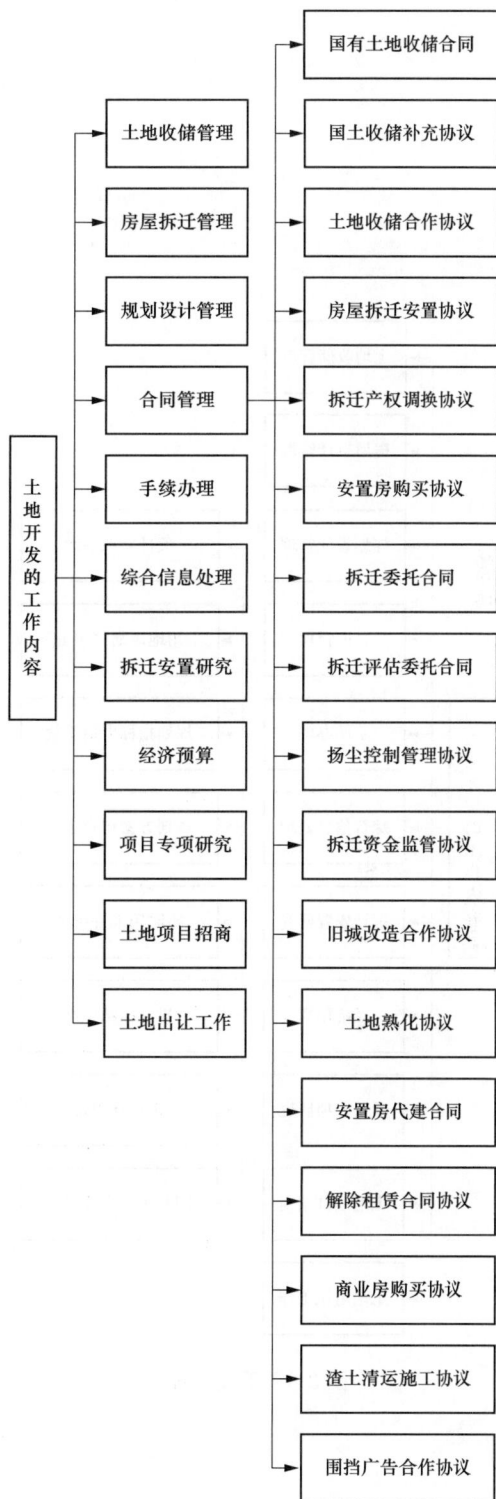

图 2-7　合同管理

土地收储管理

房屋拆迁管理

规划设计管理

合同管理

手续办理

综合信息处理

拆迁安置研究

经济预算

项目专项研究

土地项目招商

土地出让工作

土地开发的工作内容

项目立项手续

用地规划许可证

规划指标申请手续

规划方案审查手续

临时用地许可证

拆迁冻结手续

拆迁许可证

国有土地出让手续

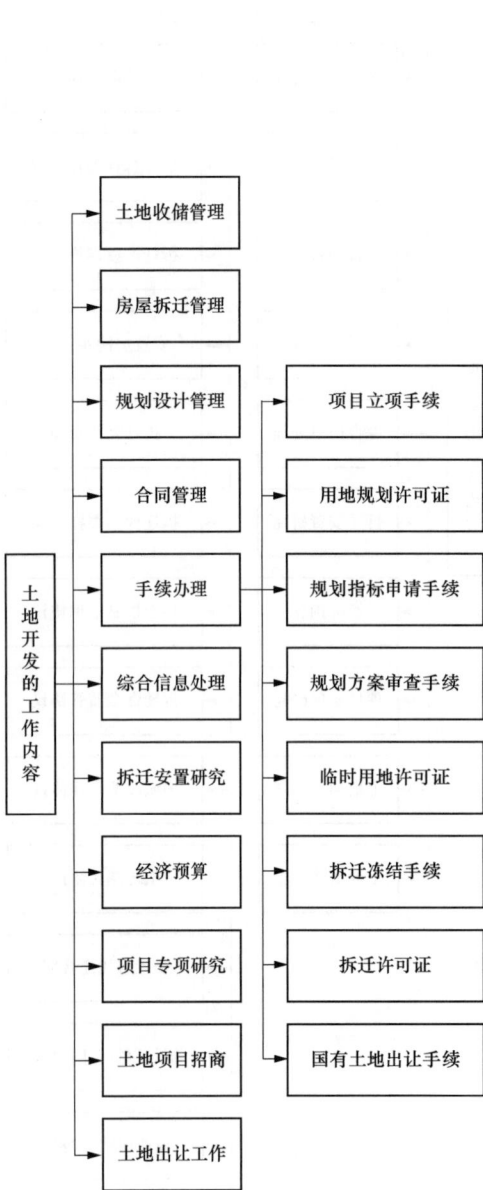

图 2-8　手续管理

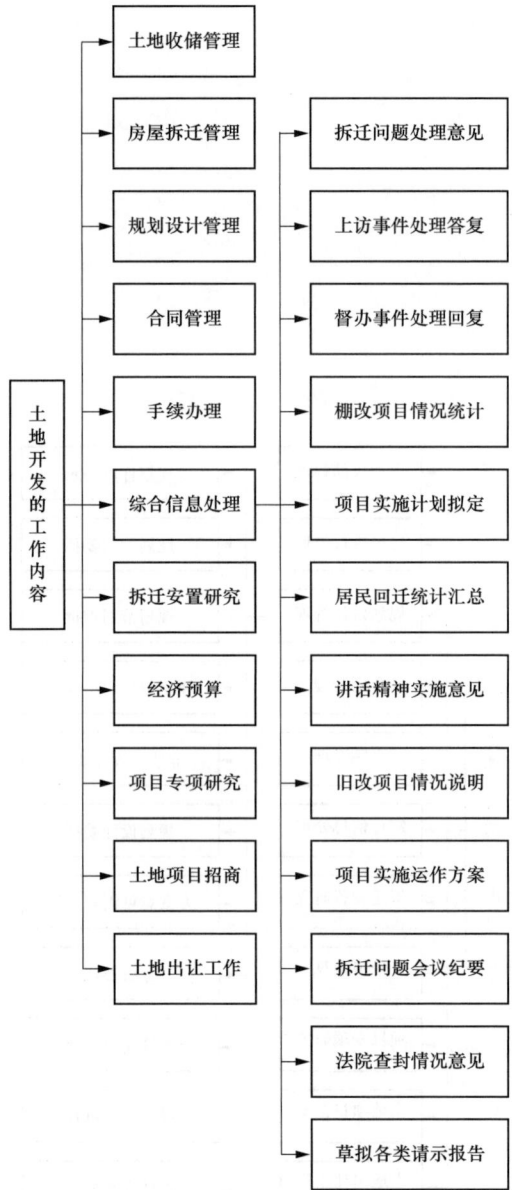

土地收储管理

房屋拆迁管理

规划设计管理

合同管理

手续办理

综合信息处理

拆迁安置研究

经济预算

项目专项研究

土地项目招商

土地出让工作

土地开发的工作内容

拆迁问题处理意见

上访事件处理答复

督办事件处理回复

棚改项目情况统计

项目实施计划拟定

居民回迁统计汇总

讲话精神实施意见

旧改项目情况说明

项目实施运作方案

拆迁问题会议纪要

法院查封情况意见

草拟各类请示报告

图 2-9　综合信息处理

图 2-10

土地开发的工作内容：

- 土地收储管理
- 房屋拆迁管理
- 规划设计管理
- 合同管理
- 手续办理
- 综合信息处理
- 拆迁安置研究 →
  - 安置房户型分析
  - 安置房选址分析
  - 安置房建设模式研究
  - 安置房超出安置面积差价
  - 安置房税费减免研究
  - 安置房建设标准研究
  - 安置区物业管理研究
  - 安置房户型配档
  - 非住宅选址问题研究，即配套设施用房
  - 安置房评估基准价
  - 拆迁安置居民座谈
  - 安置区水电暖问题研究
  - 安置区车库使用研究
  - 安置房建设计划安排
  - 安置房建设资金使用
  - 安置房代建合同研究
  - 安置房设计调整
- 经济预算
- 项目专项研究
- 土地项目招商
- 土地出让工作

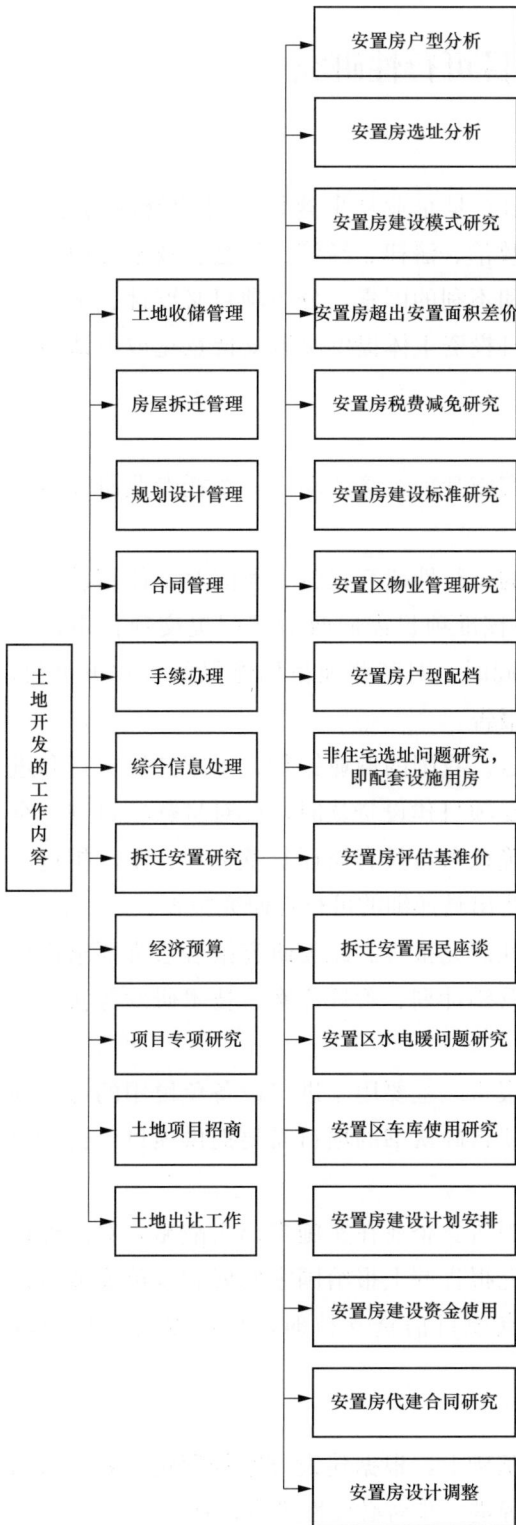

图 2-10　拆迁安置研究

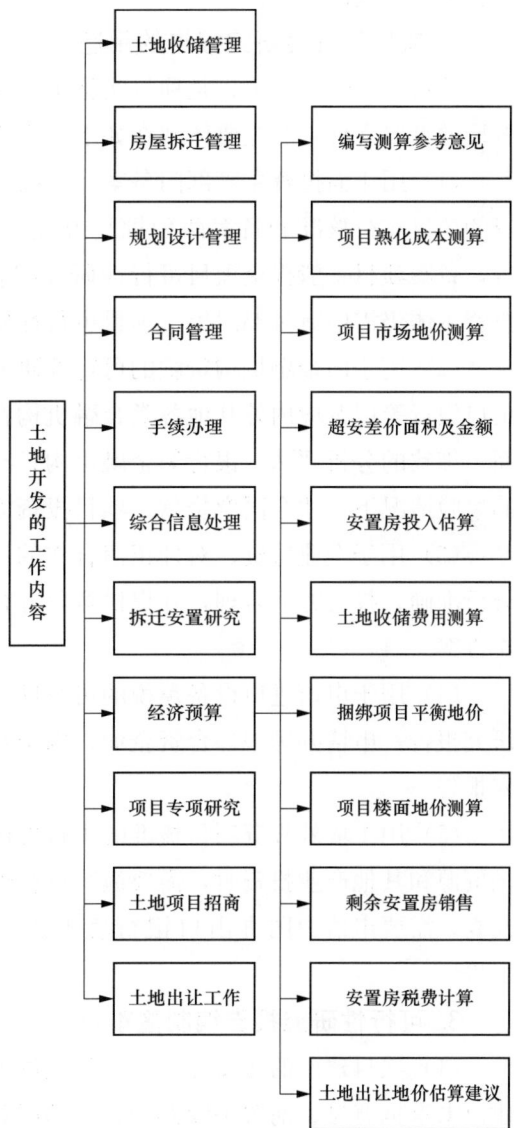

图 2-11

土地开发的工作内容：

- 土地收储管理
- 房屋拆迁管理
- 规划设计管理
- 合同管理
- 手续办理
- 综合信息处理
- 拆迁安置研究
- 经济预算 →
  - 编写测算参考意见
  - 项目熟化成本测算
  - 项目市场地价测算
  - 超安差价面积及金额
  - 安置房投入估算
  - 土地收储费用测算
  - 捆绑项目平衡地价
  - 项目楼面地价测算
  - 剩余安置房销售
  - 安置房税费计算
  - 土地出让地价估算建议
- 项目专项研究
- 土地项目招商
- 土地出让工作

图 2-11　经济预算

2.7 决策阶段项目可行性研究

1. 项目可行性研究报告定义

可行性研究报告（Feasibility Study Report）是企业从事建设项目投资活动之前，由可行性研究主体（一般是专业咨询机构）对政治、法律、经济、社会、技术等项目影响因素进行具体调查、研究、分析，确定有利和不利的因素，分析项目必要性、项目是否可行，评估项目经济效益和社会效益，为项目投资主体提供决策支持意见或申请项目主管部门批复的文件。

2. 项目可行性研究报告的用途

项目可行性研究报告是项目实施主体为了实施某项经济活动需要委托专业研究机构编撰的重要文件，其主要体现在如下几个方面：

（1）用于向投资主管部门备案、行政审批的可行性研究报告。我国对不使用政府投资的项目实行核准和备案两种批复方式，其中核准项目需向政府部门提交项目申请报告，备案项目一般提交项目可行性研究报告。同时，对某些项目仍然保留行政审批权，投资主体仍需向审批部门提交项目可行性研究报告。

（2）用于向金融机构贷款的可行性研究报告。我国的商业银行、国家开发银行和进出口银行等以及境内外其他各类金融机构在接受项目建设贷款时，会对贷款项目进行全面、细致的分析评估，银行等金融机构只有在确认项目具有偿还贷款能力、不承担过大的风险情况下，才会同意贷款。项目投资方需要出具详细的可行性研究报告。

（3）用于企业融资、对外招商合作的可行性研究报告。此类研究报告通常要求市场分析准确、投资方案合理，并提供竞争分析、营销计划、管理方案、技术研发等实际运作方案。

（4）用于申请进口设备免税的可行性研究报告。主要用于进口设备免税用的可行性研究报告，申请办理中外合资企业、内资企业项目确认书的项目需要提供项目可行性研究报告。

（5）用于境外投资项目核准的可行性研究报告。企业在实施走出去战略，对国外矿产资源和其他产业投资时，需要编写可行性研究报告并上报给国家发展和改革委或省发改委，需要申请中国进出口银行境外投资重点项目信贷支持时，也需要可行性研究报告。

3. 可行性研究报告编制重难点

（1）项目建设的必要性。在项目建议书的基础上，根据建设方案的深化内容、项目建议书审批意见、前置手续办理相关部门意见等进一步对必要性进行论述。

（2）市场与竞争力分析。这部分内容的重点是分析区域市场或者目标市场，研究其竞争优势和竞争力，市场预测分析尤其是产品竞争力分析，是可行性研究的核心内容之一。对于项目规模较大，市场竞争激烈的产品、新兴产品及市场具有不确定性的产品，其市场预测分析应当进行专题研究，在做可行性研究报告之前，先完成市场专题报告。

（3）建设方案。项目建设规模、建筑经济与技术指标、总平面布置、建筑单体各专业方案等。该部分研究是对两种以上可能的建设方案进行优化选择，是项目决策分析与评价的核心内容之一。

（4）技术方案。此部分主要针对工业类项目，详细说明产品方案、工艺技术方案、生产设备、原材料及燃料与动力供应、总图运输、工程及工程配套方案、安全、职业卫生、消防、科研等方案。

技术方案研究就是通过调查研究、专家论证、方案比较、初步技术交流及询价，确定拟建项目生产各环节的情况，以确保生产过程安全、环保、节能、合理、通畅、有序。

（5）选址及建设条件。地理与自然条件（位置、地质情况、气象、水文等）、交通条件、经济与社会条件、市政配套条件、用地规划条件、场地条件等。

不同行业的项目场（厂）址选择需要研究的具体内容和方法、遵循的规程范围不同，其称谓也不同。例如，工业项目称厂址选择，水利水电项目称场址选择，铁路、公路、城市轨道交通项目称线路选择，输油气管道、输电和通信线路项目称路径选择等。

（6）投资估算与融资方案。在确定项目建设方案工程量的基础上估算项目投资，包括工程费、设备购置费、安装工程费、工程建设其他费用、基本预备费、涨价费及建设期利息和流动资金。在投资估算确定融资额的基础上，研究项目融资主体，资金来源的渠道和方式，资金结构及融资成本、风险等。

（7）财务分析（财务评价）与经济分析（国民经济评价）。包括财务预测和评价、财务分析、不确定性分析等。

（8）项目效益分析。详细分析项目社会效益、经济效益等情况。对国民经济影响比较大的项目，可单独做国民经济影响分析。

（9）节能方案分析。一般项目进行节能、节水、节地、节材分析。所有项目都要提出降低资源消耗的措施。

（10）环境影响分析。项目建设和运营对周边环境、生态的影响分析。根据项目的建设环境背景决定的。

（11）社会评价或社会影响分析。分析主要利益相关者的需求和对项目的支持和接受程度，分析项目的社会风险，提出需要防范和解决社会问题的方案。

（12）风险分析。包括项目风险源识别、项目风险等级预判、风险对策等内容。主要是对项目的市场风险、技术风险、财务风险、组织风险、法律风险、经济及社会风险等因素进行评价，制定规避风险的对策，为项目全过程的风险管理提供依据。

许多投资项目的可行性研究不重视项目投资风险预测，仅局限于不确定性分析中简单的风险技术分析，甚至只凭借经验和直觉主观臆断，对项目建成后可能出现的风险因素预测不够，为项目的实施留下安全隐患。因此，强化投资风险意识，做好建设项目前期工作中可行性研究的风险预测，制定防范和化解措施，是避免决策失误，为建设项目科学化、民主化决策提供可靠依据的根本保证。

2.8　决策阶段项目申请

1. 项目申请报告的定义

项目申请报告是企业投资建设应报政府核准的项目，为获得项目核准机关对拟建项目的行政许可，按核准要求报送项目的论证报告。

企业投资项目是指企业在中国境内投资建设的固定资产投资项目，包括企业使用自己筹措资金的项目，以及使用自己筹措的资金并申请使用政府投资补助或贷款贴息的项目。

根据项目不同情况，分别实行核准管理式各案管理。对关系国家安全、涉及全国重大生产力布局、战略性资源开发和重大公共利益等项目，实行核准管理。其他项目实行备案。

实行核准管理的具体项目范围以及核准机关、核准权限，由国务院颁布的《政府核准的投资项目目录》（以下简称《核准目录》）确定。法律、行政法规和国务院对项目核准的范围、权限有专门规定的，从其规定。《核准目录》由国务院投资主管部门会同有关部门研究提出，报国务院批准后实施，并根据情况适时调整。未经国务院批准，各部门、各地区不得擅自调整《核准目录》确定的核准范围和权限。

项目申请报告的作用是从政府公共管理的角度回答项目建设的外部性、公共性事项，包括维护经济安全、合理开发利用资源、保护生态环境、优化重大布局、保障公众利益、防止出现垄断等情况，为核准机关对项目进行核准提供依据。

2. 项目申请报告编制重难点

（1）申报单位及项目概况。包括项目申报单位概况、主要投资者情况、项目名称、建设地点、建设规模、建设内容等。

（2）项目资源利用情况分析以及对生态环境的影响分析。应分析拟开发资源的可开发量、自然品质、赋存条件、开发价值等，评价是否符合资源利用的要求。包括项目厂址的自然生态系统状况、资源承载力、环境条件、现有污染物情况和环境容量状况等，以及生态破坏、特种威胁、排放污染物类型和情况的分析等。

（3）项目对经济和社会的影响分析。

1）经济费用效益或费用效果分析：从社会资源优化配置的角度，通过经济费用效益或费用效果分析，评价拟建项目的经济合理性。

2）行业影响分析：阐述行业现状的基本情况以及企业在行业中所处地位，分析拟建项目对所在行业及关联产业发展的影响，并对是否可能导致垄断等进行论证。

3）区域经济影响分析：对于区域经济可能产生重大影响的项目，应从区域经济发展产业空间布局、当地财政收入、社会收入分配、市场竞争结构等角度进行分析论证。

4）宏观经济影响分析：投资规模巨大、对国民经济有重大影响的项目，应进行宏观经济影响分析。涉及国家经济安全的项目，应分析拟建项目对经济安全的影响，提出维护经济安全的措施。

5）社会影响效果分析：阐述拟建项目的建设及运营活动对项目所在地可能产生的社会影响和社会效益。

6）社会适应性分析：分析拟建项目能否为当地的社会环境、人文条件所接纳，评价该项目与当地社会环境的相互适应性。

7）社会风险及对策分析：针对项目建设所涉及的各种社会因素进行社会分析，提出协调项目与当地社会关系、规避社会风险、促进项目顺利实施的措施方案（根据各省市的核准办法，或需增加招标内容及方案）。

2.9　决策阶段项目资金申请

1. 项目资金申请报告

投资是指国家发展改革委对符合条件的地方政府投资项目和企业投资项目给予的投资资金补助。

贴息是指国家发展改革委对符合条件，使用了中长期贷款的投资项目给予的贷款利息补贴。

项目申报单位情况、项目基本情况、项目进展情况，为项目资金审查机关分析判断项目申请单位是否具备承担拟建项目的资格、是否符合资金发放条件等提供背景和依据。根据资金来源和性质不同，对于提交文件的内容和要求会有所区别。

2. 项目资金申请报告编制内容

（1）项目单位的基本情况；

（2）项目的基本情况，包括在线平台生成的项目代码、建设内容、总投资及资金来源、建设条件落实情况等；

（3）项目列入三年滚动投资计划，并通过在线平台完成审批（核准、备案）情况；

（4）申请投资补助或者贴息资金的主要理由和政策依据；

（5）工作方案或管理办法要求提供的其他内容。项目单位应对所提交的资金申请报告内容的真实性负责。

3. 项目资金申请报告编制重难点

项目资金申请报告应重点分析国内外现状和技术发展趋势，对产业发展的作用与影响、产业关联度分析、市场分析等；对于已经获得核准、备案或开工项目，应重点论述申请投资补助或贴息资金的主要原因和政策依据。

2.10 决策阶段项目前期策划

1. 项目前期策划的概述

（1）项目前期策划的定义。

我国工程项目的建设，一般遵循图 2-12 所示基本建设程序。

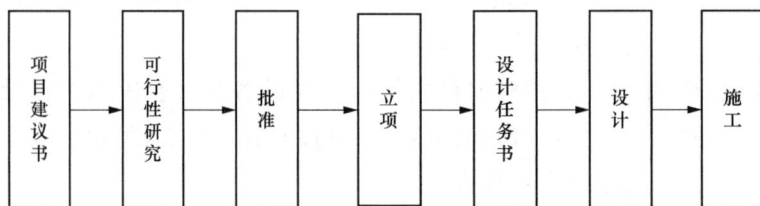

```
┌──────┐   ┌──────┐   ┌────┐   ┌────┐   ┌──────┐   ┌────┐   ┌────┐
│项目建│ → │可行性│ → │批准│ → │立项│ → │设计任│ → │设计│ → │施工│
│议书  │   │研究  │   │    │   │    │   │务书  │   │    │   │    │
└──────┘   └──────┘   └────┘   └────┘   └──────┘   └────┘   └────┘
```

图 2-12　基本建设程序

项目立项前可称为项目决策阶段，立项之后为项目实施阶段。在建设项目实践中，决策或实施阶段尚存在不少问题。

项目前期策划是指在项目建设前期，通过调查研究和收集资料，在充分占有信息的基础上，针对项目的决策和实施或决策和实施的某个问题，进行组织、管理、经济和技术等方面的科学分析和论证，这将使项目建设有正确的方向和明确的目的，也使建设项目设计工作有明确的方向并充分体现业主的建设目的。其根本目的是为项目建设的决策和实施增值，为项目使用（运行、运营）增值。增值可以反映在确保工程建设安全，提高工程质量、投资（成本）控制、进度控制上，还可以反映在确保工程使用安全、环保节能、满足使用功能、降低工程运营成本、有利于工程维护等方面。

工程项目前期策划的核心思想是根据系统论的原理，通过对项目多系统、多层次的分析和论证，逐步实现对项目的有目标、有计划、有步骤地全方位、全过程控制。包括对项目目标进行多层分析，由宏观到具体；对影响项目目标的项目环境的要素组成及对项目如何影响进行分析，预测项目在环境中的发展趋势，对项目构成要素进行分析，分析各构成要素功能和相互联系以及整个项目的功能和准确定位；对项目过程进行分析，在考虑环境影响的前提下，分析项目过程中的种种渐变和突变以及各种变化的发展情况及结果，并预先采取管理措施等。这些构成了项目策划的基本框架，是项目策划的重要思想依据。

（2）工程项目前期策划的特点。

1）重视同类建设项目的经验和教训的分析。尽管在项目前期策划中创造性非常重要，但同类项目的经验和教训也值得参考和借鉴。对国内、国外同类建设项目的经验和教训的全面、深入地分析，是环境调查和分析的重要方面，也是整个项目前期策划工作的重要部分，应贯穿项目前期策划的全过程。

2）坚持开放型的工作原则。建设项目前期策划需要整合多方面专家的知识，包括组织知识、管理知识、经济知识、技术知识、设计经验、施工经验、项目管理经验和项目策划经验等。建设项目前期策划可以委托专业咨询单位进行，从事策划的专业咨询单位往往是开放型组织，政府部门、教学科研单位、设计单位、供货单位和施工单位等往往都拥有这方面的专家，策划组织者的任务是根据需要把这些专家组织集成起来。

3）策划是一个知识管理的过程。策划是对专家和专业人士的组织和集成，更是信息的组织和集成过程（见图 2-13）。策划的实质就是对知识的集成，是一种知识管理的过程，即通过知识的获取，经过知识的编写、组合和整理，在此基础上通过思考而形成新的知识。

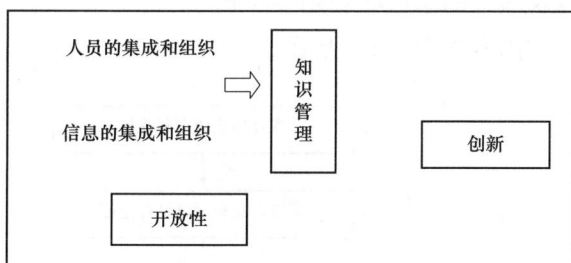

图 2-13　策划是知识的集成

4）策划是一个创新求增值的过程。策划是从无到有的一种创造过程。项目策划是根据现实情况和以往经验，对事物变化趋势做出判断，对所采取的方法、途径和程序等进行周密而系统地构思和设计，是一种超前性的高智力活动。创新的目的就是增值，通过创新带来建设项目效益。

5）策划是一个动态过程。策划工作往往是在项目前期进行，但是策划成果不是一成不变的。一方面，随着项目建设的开展，项目策划的内容根据项目需要和实际可能性不断丰富和深入；另一方面，项目早期策划工作的假设条件随着项目开展而不断变化，必须对原来的假设进行不断地验证。所以，策划结果需要根据环境和条件的变化，不断进行论证和调整。

（3）工程项目前期策划的类型。对于工程项目全寿命周期而言，可根据其所处项目三大阶段的不同分为项目决策策划、项目实施策划和项目运营策划三种。

1）项目决策策划，一般在项目的前期进行，主要针对项目的决策阶段，对项目前期的环境调查、项目基本目标的确定及各种经济技术指标的分析，为项目的决策提供依据。

2）项目实施策划，一般在项目实施阶段之前进行，主要针对项目的实施阶段，通过对实施阶段的环境分析、项目目标的分解、建设成本和建设周期的计划安排，为项目的实施服务，使之顺利实现项目目标。

3）项目运营策划，在项目实施阶段完成之后，正式动用之前，用于指导项目动用准备和项目运营，并在项目运营阶段进行调整和完善。

工程项目决策策划和工程项目实施策划是工程项目策划的基础和核心。工程项目运营策划涉及项目试用调试、商业业态布局、物业管理等方面的内容，需要综合性地应用各个方面的知识。

2. 项目前期策划的任务

项目前期策划的任务，主要包括项目决策策划和项目实施策划。

（1）项目决策策划。项目决策策划最主要的任务就是定义开发或者如何建设，并明确其效益和意义如何。具体包括明确项目的规模、内容、使用功能和质量标准，估算项目总投资和投资效益以及项目的总进度规划等问题。

项目决策策划的工作内容如图 2-14 所示。

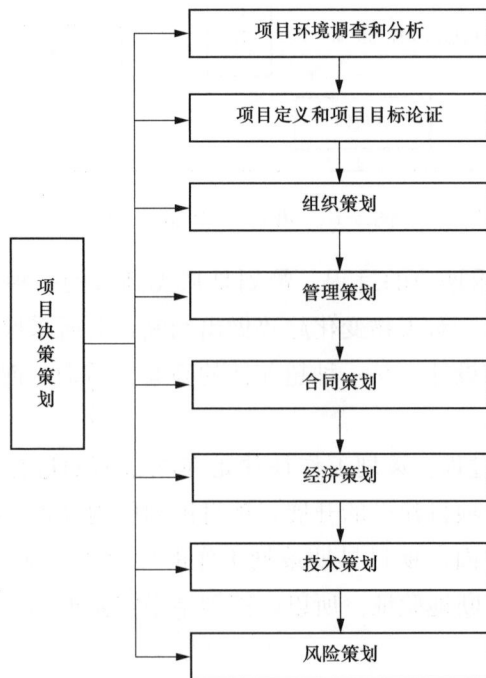

图 2-14　项目决策策划的内容

1）项目环境调查与分析。项目环境调查与分析，包括对自然环境、宏观经济环境、政策环境、市场环境、建设环境（能源、基础设施等）等进行调查分析。

2）项目定义和项目目标论证。项目定义和项目目标论证是项目决策策划的重点，用以明确开发或建设目的、宗旨和指导思想，确定项目规模、组成、功能和标准，初步确定总投资和开发或建设周期等。

3）组织策划。组织策划需要进行项目组织结构分析，明确决策期的组织结构、任务分工和管理职能分工，确定决策期的工作流程，并分析编码体系等。

4）管理策划。管理策划的任务是制定建设期管理总体方案、运行期设施管理总体方案和经营管理总体方案等。

5）合同策划。合同策划是指确定决策期的合同结构、决策期的合同内容和文本、建设期的合同结构总体方案等。

6）经济策划。经济策划需分析开发或建设成本和效益，制订融资方案和资金需求量计划等。

7）技术策划。技术策划要对技术方案和关键技术进行分析和论证，并明确技术标准和规范的应用和制定等。

8）风险策划。风险策划需要分析政治风险、经济风险、技术风险、组织风险和管理风险等。

其中，项目环境调查与分析、项目定义与项目目标论证和经济策划最为重要。

（2）项目实施策划。项目实施策划，最主要的任务是定义如何组织开发和建设该项目。项目实施策划要详细分析实施中的组织、管理和协调等问题，包括如何组织设计、如何招标、如何组织施工、如何组织供货等问题。

项目实施策划是在建设项目立项之后，为了把项目决策付诸实施而形成的具有可行性、可操作性和指导性的实施方案。项目实施策划有可能成为项目实施方案或项目实施规划。

建设项目实施策划涉及整个实施阶段的工作，它属于业主方项目管理的工作范围。建设项目实施策划内容涉及的范围和深度，在理论上和工程实践中并没有统一的规定，应视项目的特点而定，一般包括的内容如图2-15所示。

一般项目实施策划会包括项目建设期的环境调查、项目目标的分析和再论证、项目实施的组织策划、项目实施的目标控制策划、项目实施的合同策划、项目实施的技术策划和项目风险分析等。其中，项目目标的分析和再论证、项目实施的组织策划、项目实施的目标控制策划为重点内容，将在后续章节重点描述。

项目实施策划的核心是项目实施的组织策划。

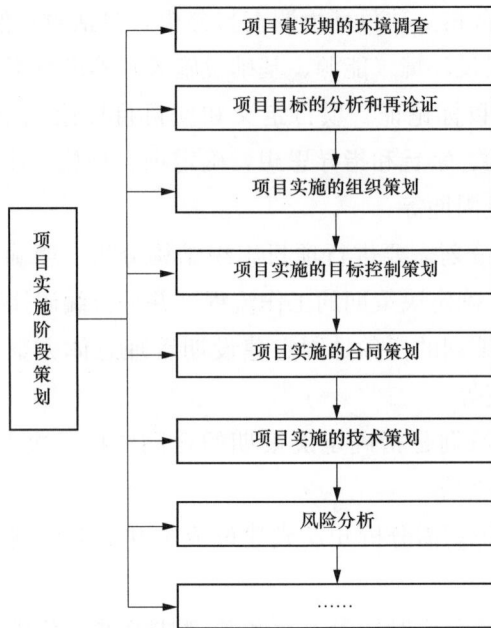

图 2-15　项目实施阶段策划的内容

2.11　项目决策阶段前期评估咨询

前期评估咨询主要包括固定资产投资项目建议书评估、可行性研究报告评估、项目申请报告评估、社会稳定风险评价、节能评审等服务内容。

1. 咨询服务依据

（1）工程咨询服务合同（包括委托书）。

（2）相关法律与法规（国家、地方）。

（3）各项规划（国民经济和社会发展规划、行业专项规划、土地规划）。

（4）产业政策和准入条件。

（5）相关标准和规范。

（6）政府颁发的相关经济与技术参数及统计数据。

（7）工程咨询行业协会文件及相关指南。

（8）公司相关规章制度及作业指导书。

（9）委托方或项目利益相关方提供的相关资料。

（10）拟建现场调查信息。

（11）相关文献资料。

（12）其他。

2. 前期咨询工作程序

前期评估咨询的一般工作程序如图 2-16 所示。

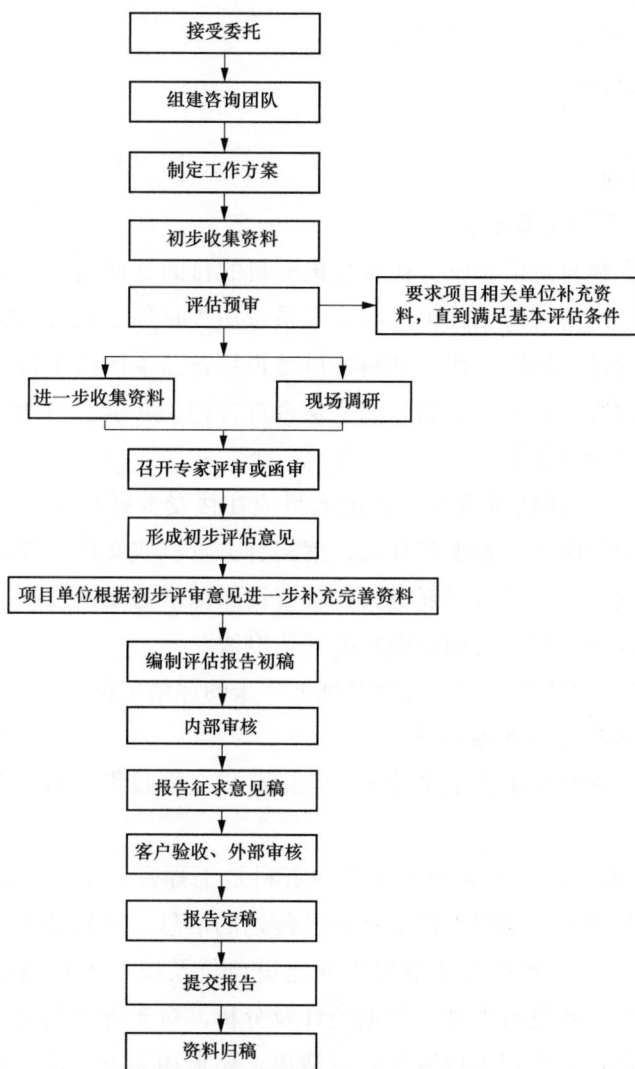

```
        ┌──────────────┐
        │   接受委托    │
        └──────┬───────┘
        ┌──────┴───────┐
        │  组建咨询团队  │
        └──────┬───────┘
        ┌──────┴───────┐
        │  制定工作方案  │
        └──────┬───────┘
        ┌──────┴───────┐
        │  初步收集资料  │
        └──────┬───────┘
        ┌──────┴───────┐        ┌────────────────────┐
        │   评估预审    │───────→│ 要求项目相关单位补充资 │
        └──────┬───────┘        │ 料，直到满足基本评估条件 │
     ┌─────────┴─────────┐      └────────────────────┘
┌────┴─────┐      ┌───────┴────┐
│进一步收集资料│      │  现场调研   │
└────┬─────┘      └───────┬────┘
     └─────────┬─────────┘
        ┌──────┴───────┐
        │ 召开专家评审或函审 │
        └──────┬───────┘
        ┌──────┴───────┐
        │ 形成初步评估意见 │
        └──────┬───────┘
  ┌────────────┴─────────────┐
  │ 项目单位根据初步评审意见进一步补充完善资料 │
  └────────────┬─────────────┘
        ┌──────┴───────┐
        │ 编制评估报告初稿 │
        └──────┬───────┘
        ┌──────┴───────┐
        │   内部审核    │
        └──────┬───────┘
        ┌──────┴───────┐
        │ 报告征求意见稿 │
        └──────┬───────┘
        ┌──────┴───────┐
        │ 客户验收、外部审核 │
        └──────┬───────┘
        ┌──────┴───────┐
        │   报告定稿    │
        └──────┬───────┘
        ┌──────┴───────┐
        │   提交报告    │
        └──────┬───────┘
        ┌──────┴───────┐
        │   资料归稿    │
        └──────────────┘
```

图 2-16　前期评估咨询的一般工作程序

（1）组建咨询团队。根据咨询合同、项目特点、规模、复杂程度及投标承诺等要求，由公司部门经理指定项目负责人，并建立与之相称的咨询团队，一般由 2～5 人组成，并严格实施项目责任人制度。原则上，项目负责人必须由注册咨询工程师担任。

（2）制定咨询工作方案。由项目负责人组织团队成员制订咨询工作方案，咨询工作方案经公司技术总负责人审定批准后实施。咨询工作方案一般包括如下内容：

1）咨询业务要求；

2）咨询依据与原则；

3）咨询人员组成及职责分工；

4）咨询开展需要具备的基本条件；

5）拟邀请专家名单；

6）工作流程；

7）工作进度计划；

8）各项工作与咨询成果要求。

（3）初步收集资料与评估预审。初步收集资料的目的是评估预审，咨询团队一般在接受委托2个工作日内与项目相关单位取得联系，初步收集项目有关资料，了解项目情况，通过对项目资料进行预审，初步判断项目是否具备基本评估条件。基本评估条件一般包括：报告编制内容是否齐全、编制深度是否符合相关要求、前期审批手续的有关文件及其他证明文件是否齐备等。

1）项目不具备基本评估条件的，咨询人员应在接受委托后2个工作日内以书面形式一次性告知项目有关单位，要求其补充、落实有关资料或文件，并要求项目单位书面回复能够补充资料的时间。根据回复时间，若咨询团队认为无法按期完成任务的，可向委托方（一般是发改委）提出延期或中止的评估申请。

2）项目具备基本评估条件的，继续开展下一步的评估工作。

（4）详细的资料收集与现场调研。

经过评估预审，满足基本评估条件的，需进一步全面收集项目有关资料，并尽快组织现场调研和勘察。

1）详细的资料收集。真实准确和完整的资料是工程咨询工作质量保证的前提。在接受委托人任务后，咨询组织根据投资项目已传达的信息、项目特点、咨询报告特点及相关经验向相关人员（主要是被评估报告的建设单位及编制方）列出较详细的投资需求，并及时对收集的资料进行整理、数据统计及分析，对于存在过时、互相矛盾、缺漏等资料，咨询团队需进一步列出投资及存疑清单，要求相关方提供。接受资料时，需做好相关收文记录。

投资工程咨询项目类型众多，投资清单需有针对性，一般来说，需收集的资料内容如下：

① 常规资料（包括但不限于）：

a. 需评估的咨询报告及相关附件；

b. 前置性条件相关批文（规划、土地）；

c. 概念性设计（项目建议书阶段）；

d. 方案设计（可行性研究阶段）。

② 其他资料：

a. 修缮类可研（实施方案）评估项目：如采用简化审批程序，提供施工图及预算；

b. 节能评审项目：以往能用数据证明（改扩建项目）；类似已建成项目的用能数据（针对有多个项目的建设单位）；

c. 社会稳定风险评价项目（如有动拆迁）：规划方案公示及相关意见、社区调查记录等。

2）现场调研。现场调研与资料收集工作相辅相成、同步进行，委托评估项目均要求现场踏勘，就场址选择的合理性、建设条件的具备情况、项目进度等进行考察。

项目相关单位人员一般均应到场参加。在时间紧张的情况下，如遇到多个地点建设项目，可由评估组制定代表性强、投资额较大的项目建设场址进行选择性考察。对于复杂项，调研需根据项目特点和资料收集、分析情况分成初步调研和深入调研，以便更好地掌握项目建设需求。必要时，可邀请专家一起到现场调研。现场勘查和调研内容具体包括：

① 常规调研内容（包括但不限于）：

a. 建设背景或项目启动原因；

b. 项目定位、建设功能需求、建设标准、项目产出需求及特殊要求；

c. 历史遗留问题；

d. 建设投资、资金来源、工期需求。

② 其他调研内容：

a. 房屋改建类项目：原房屋使用状况、历史保护建筑要求（如有）等。

b. 学校类项目：建校历程、学校特点、师生与班级设置状况、学校招生范围、建设期间的师生安置等。

c. 工业类：产品、生产工艺及原材料、设备使用的外部效果。

d. 市政类：拟建现场周边交通状况、现有道路运行状况等。

（5）召开专家评估会或函审。一般对评估类咨询项目，均需聘请专家对项目建设方案等提出专业性的意见。

专家聘请要慎重，原则上要求专家组成员中应有外聘专家；专家数量应不少于3人，应包括项目主要涉及的专业；专家应具有相关专业的资质及评审经验。专家出具的意见应是符合自身专业的、认真的、独立的、尽职的。

评估会（或函审）的安排时间：一般不晚于委托要求完成的时间前7日，评估组需至少提前24小时以书面"会议通知"告知项目单位评估会时间，并邀请发改委、行业主管部门等有关政府部门参加。

专家评估会一般由项目负责人主持召开，并设置会议签到表和单独的专家签到表，以作为会议记录存档。

专家会议流程一般如图 2-17 所示。

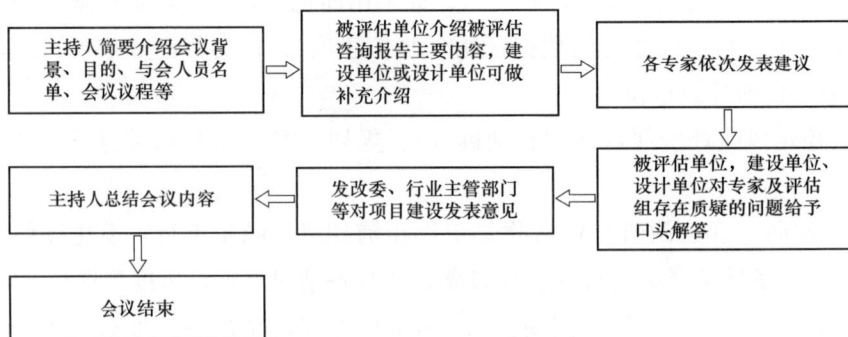

图 2-17　专家会议流程

（6）形成初步评估意见。评估组根据项目申报资料、现场勘察情况，并结合评估会专家意见，于评估会（或函审）后，形成书面的初步评审意见，根据初步评审意见，有必要补充完善项目资料的，评估组应于会后 24 小时内一次性书面告知项目单位，要求其补充完善相关资料并书面回复能够提交补充资料的时间。

（7）编制评估报告初稿。若项目单位能够按期提供满足评估深度要求的补充资料，评估组应根据现场踏勘情况并参考专家意见等组织编制评估报告。视项目单位承诺时间或补充资料情况，若评估组任务无法按期完成，可向委托方（一般是发改委）说明情况，提出延期或中止评估的申请。

1）评估报告编制原则。

① 客观性原则：从投资项目具体情况出发，厘清委托人、建设单位、使用单位等相关利益方的项目需求，客观分析项目所需消耗的资金、资源及效益和风险，报告尽可能反映项目的真实状态。

② 科学性原则：通过调研和资料，运用科学技术手段进行分析、预测和计算，对被评价报告及项目内容进行各方面科学论证，积极收取专家意见，报告结论和论证过程具有严密的逻辑性，观点、意见不能凭空臆造。

③ 系统性原则：明确项目范围，对项目投资建设进行系统分析，注重项目及涉及的利益相关方整体性研究。

④ 动态分析与静态分析相结合，以动态分析为主。

⑤ 综合分析与单项分析相结合，以综合分析为主。

⑥ 宏观投资效果分析与项目微观投资效果分析相结合，以微观分析为主。

⑦ 定量分析与定性分析相结合，以定量分析为主。

2）评估报告的主要内容。

① 项目建议书评估的主要内容，见表 2-2。

表 2-2　　　　　　　　　　　**项目建议书评估的主要内容**

评估项目名称	主要评估内容
项目建设主体（建设单位）	评估其设置是否合理、合规
项目设置	评估项目设置是否合理，是否符合国家、省市及区县的相关政策，是否符合项目所在地的经济和社会发展规划、城市总体规划、土地利用规划及专项规划（如教育、卫生、绿化等），并对项目必要性进行评估
项目选址	评估其是否合理，项目建设条件是否具备（包括规划条件、地理交通条件、经济文化条件、施工条件、运营条件等）
项目总体目标及规模	评估其是否合理、明确
改建项目	对项目现状进行评估
项目初步方案（概念性方案）	评估其是否可行，分析比选方案的可能性
项目估算内容	评估其是否齐全，指标及造价估算是否准确，并对项目资金筹措方式进行评估
项目建设进度	评估其时间安排是否合理
项目风险	评估其项目可能存在的风险
项目的效益	评估项目的社会效益、经济效益初步分析的合理性

② 项目可行性研究报告评估的主要内容，见表 2-3。

表 2-3　　　　　　　　　　**项目可行性研究报告评估的主要内容**

评估项目名称	主要评估内容
项目可研前期审批手续	评估其是否完善（土地、规划、环评、项目建议书审批等）
项目建设的必要性	评估其是否符合相关规划要求
项目建设目标及规模	评估其是否符合项目建设书批复要求
项目建设条件	评估其是否完善，必要时需要求提供相关部门的征询意见
项目建设经济和技术指标	评估其与项目用地预审意见、选址意见书、控制性详细规划等指标对比时，评估项目建设经济和技术指标是否符合用地、规划审批要求
建设方案	分析项目建设方案是否可行，评估其是否需要调整或优化
节能要求	评估项目是否符合节能政策需求，节能措施是否合理，并判定项目能效水平
环境要求	评估项目是否符合环境要求，是否与环评批复相符，其环境与生态效益是否显著
项目估算内容	对项目估算内容齐全性、指标及计算准确性进行评估，并评估资金筹措渠道是否明确
项目社会稳定性	评估其稳定风险等级，并分析稳定风险防范措施的合理性
项目效益	评估项目的经济效益和社会效益是否良好
项目建设进度	评估其安排是否科学合理，是否与建设方案相符
项目招标方式	评估项目招标方式是否合理，是否符合相关法规要求
项目建设和运营计划	评估其是否合理，是否有利于项目开展，是否达到项目目标

③ 项目申请报告评估的主要内容，见表 2-4。

表 2-4 项目申请报告评估的主要内容

评估项目名称	主要评估内容
项目申报单位及项目概况	对项目申报单位的主要经营范围、资产负债情况、股东构成、股权结构比例、以往投资相关项目情况及已有生产能力等内容进行评估，判断项目申报单位是否具备承担拟建项目的资格，是否符合有关的市场准入条件
发展规划，产业政策和行业准入	(1) 从发展规划、产业政策及行业准入的角度，评估项目建设的目标及功能定位是否合理，是否符合项目相关的各类规划要求，是否符合相关宏观调控政策，产业政策等规定，是否满足行业准入标准，优化重大布局等要求。 (2) 在发展规划方面，主要评估拟建项目是否符合相关规则（国民经济和社会发展总体规划、区域规划、城市总体规划、城镇体系规划、行业发展规划等专项规划）的要求，项目建设目标与规划目标是否衔接、协调等。 (3) 在产业政策方面，评估报建项目的工程技术方案、产品方案等是否符合有关产业政策、法律法规的要求。 (4) 在行业准入方面，评估申报单位（建设单位）和拟建项目是否符合相关规定
资源开发及综合利用分析	(1) 评估项目需要占用的资源品种、数量及单位生产能力，主要资源消耗量，资源循环再生利用率等，并与国内外先进水平进行对比分析，评估拟建项目资源利用效率的先进性和合理性。 (2) 评估项目资源利用方案是否符合发展循环经济，建设节约型社会的要求。 (3) 评估项目资源利用是否会对地下水等其他资源造成浪费，以提高资源利用综合效率
节能方案	从节能角度，并结合项目的节能评审情况，对拟建项目的节能方案进行评估： (1) 用能标准节能规范方面。评估拟建项目是否符合所属行业及地区对节能降耗的相关规定，是否遵循国家和地方有关合理用能标准及节能设计规范。 (2) 能耗状况和节能降耗措施方面。结合拟建项目的节能评审情况，对项目所在地的能源供应状况、项目方案的各类能源消耗种类和数量进行评估，并对相应的节能措施进行分析，评估其是否符合相关政策、规范与标准规定，是否可行
建设用地，征地拆迁及移民安置	(1) 建设用地合理性评估。评估项目建设用地是否符合土地利用规划要求，占地规模是否合理，是否符合保护规划的要求，是否符合因地制宜、集约用地、减少拆迁移民的原则，是否符合土地管理的政策法规要求。 (2) 征地拆迁影响评估。拟建项目如涉及征地拆迁，则结合该项目的社会稳定风险评价情况，对征地拆迁范围和依据、安置方案、公众参与情况、补偿政策等进行评估，评估其是否符合法律法规要求，是否合理、可行
环境和生态影响	从环境和生态影响角度，并结合项目的环境影响评价情况，对拟建项目的节能方案进行评估： (1) 环境和生态现状评估。评估项目申请报告对环境和生态现状描述内容是否齐全、属实，是否与环境影响报告相符。 (2) 生态环境影响评估。评估拟建项目在工程建设和投入运营过程中对生态环境可能产生的破坏因素以及对环境的影响程度。 (3) 生态环境保护措施评估。对从减少污染排放、减少水土流失、强化污染治理、促进清洁生产、保护生态环境可持续能力的角度进行的相应措施进行评估
经济影响	从拟建项目所耗费的社会资源及其产生的经济效益角度进行评估，分析项目对行业发展、区域和宏观经济的影响，评估项目的经济合理性，不同的项目，评估侧重点有所不同： (1) 对于在行业内具有重要地位，影响行业未来发展的重大投资项目，则重点评估拟建项目对行业及关联产业发展的影响，包括产业结构调整，行业技术进步，行业竞争格局等内容，特别是对是否可能形成行业垄断进行分析评估。 (2) 对区域经济可能产生重大影响的项目，重点分析项目对区域经济发展、产业空间布局、当地财政收支、社会收入分配、市场竞争结构等方面的影响，为评估拟建项目与区域经济发展的关联性及融合程度提供依据。 (3) 对于投资规模巨大的特大项目，以及科技创新项目，从地区国民经济整体角度，评估拟建项目对该地区产业结构调整和升级、重点产业布局、重要产业的国际竞争力以及区域之间协调发展的影响

续表

评估项目名称	主要评估内容
社会影响	主要对因征地拆迁、区域综合开发、文化教育、公共卫生等具有明显社会发展目标的项目，从维护公共利益、构建和谐社会、落实以人为本的科学发展观等角度，评估项目的社会影响： （1）社会影响效果评估。评估拟建项目的社会影响范围、影响区域内的受影响机构和人群，分析项目可能导致的社会影响效果，如就业、社会保障、社会服务等。 （2）社会适应性评估。对利益相关者的需求、目标群体对拟建项目的认可及接受程度进行全面分析，评估拟建项目是否与当地社会环境相互适应。 （3）社会风险及对策评估。评估项目的负面社会影响、潜在风险及解决社会问题、减轻社会负面影响的措施方案的合理性
工程质量安全分析评估	根据地区要求，需对拟建项目的工程质量安全进行评估，以进一步加强拟建项目前期阶段的质量安全风险控制，保障建设项目的科学有序实施和人民群众的生命财产安全。评估内容包括工程地质影响、自然环境影响、建设方案影响、外部设施影响、工程组织实施影响、工程质量安全防范措施等

④ 项目节能评审的主要内容。对于项目节能报告，一般主要评估内容见表 2-5。

表 2-5 项目节能报告的主要评估内容

评估项目名称	主要评估内容
项目综合能源消费增量及其影响	（1）项目所在地能源供应条件及消费情况的描述是否完整。 （2）项目所需的能源是否得到落实，项目消费的能源品种、数量对所在地资源条件和当地能源生产、输送、储运、消费的影响分析是否准确。 （3）对比分析项目新增年综合能源消费量与区县能源消费增量控制数，说明项目带来的影响
项目能效水平	（1）判断节能评估选取的主要能效指标是否合理，能耗计算的基础数据选择是否真实，能否满足项目的功能需求及相关标准、规范的规定。 （2）节能评估中综合能源消耗量、单位产品能耗等指标的计算是否符合 GB/T 2589—2020《综合能耗计算通则》及相关标准规范的要求，是否分析测算评估主要用能环节能源利用效率。 （3）项目能耗（能效）指标是否符合相关能耗限额标准或相关产业政策，准入条件的要求；同行业国内外先进水平、标准先进指标的选取是否准确；项目能效水平是否达到同行业国内外先进水平或标准中的先进指标
项目建设方案	（1）评审项目选址、布局方案、总平面布置、交通组织等是否合理。 （2）主要用能设备及其能耗指标和能耗水平是否符合能耗限额标准或准入政策的要求，是否达到先进水平。 （3）提出项目设备选型方面的意见和建议
节能措施	（1）节能技术措施。项目是否针对生产工艺、动力、建筑、给排水、暖通与空调、照片、控制、电气等方面提出具体的、可操作的节能技术措施；节能评估文件应分析节能技术措施是否符合相关政策、法规、标准、规范的要求。 （2）节能管理措施。项目是否按照 GB 17167—2006《用能单位能源计量器具配备和管理通则》的要求，编制能源计量器具配备方案；是否按照 GB/T 23331—2020《能源管理体系 要求及使用指南》的要求，提出能源管理体系建设方案，能源管理中心建设，以及能源统计、监控等节能管理方面的措施、要求等。 （3）节能措施效果。节能措施效果的测算依据是否准确，测算方法是否适用，测算结果是否正确。 （4）提出项目节能措施方面的意见和建议

⑤ 社会稳定风险评价的主要内容。对于项目社会稳定风险评价报告，一般主要评价内容见表 2-6。

表 2-6 项目社会稳定风险评价报告主要评估内容

评估项目名称	主要评估内容
项目的合法性	评估其项目有关土地、规划、环评、立项的管理部门是否享有相应的决策权限，决策内容是否符合现行相关法律法规及有关政策，决策程序是否符合有关法律法规及有关规定
项目的合理性	评估其项目决策和实施是否符合科学发展观的要求，是否符合经济社会发展规律，是否符合社会公共利益，是否合理兼顾了不同利益群体的诉求；是否保持了政策的连续性，相对稳定性及与相关政策的协调性，是否可能引发地区、行业、群体之间的相互攀比；依法应给予当事人的补偿和其他救济是否充分、合理、公平、公正；拟采取的措施和手段是否必要、适当，所选择的措施和手段对当事人权益的损害是否最小
项目的可行性	评估其项目决策和实施的时机与条件是否基本成熟；决策内容是否符合本地区经济社会发展水平，是否超越本市和有关地区财力，是否能得到相关大多数群众的支持和认可
安全性	评估其项目决策和实施是否可能引发群体性事件、集体上访、重大社会治安问题、社会负面舆论以及其他影响社会稳定的因素；可能引发的社会稳定风险是否可控，能否得到有效防范和化解，是否制定了预警和应急处置等防范措施
有可能引发社会不稳定因素的其他方面	评估其项目单位应根据上述内容要求，组织有关方面全面细致地研究项目的社会稳定风险源、风险因素、针对风险采取的防范措施，判别项目的社会稳定风险初始等级，以及采取防范措施后的预期等级

（8）评估报告初稿内部审核，并征求意见。咨询工作小组按照上述各评估报告的主要内容和相关指南要求等完成评估报告初稿，出具的评估报告初稿均由国家注册咨询师（高级工程师及以上）进行审核。审核后的报告形成评估报告征求意见稿。

（9）客户验收、外部审核。客户验收、外部审核指的是评估报告征求意见稿应至少提前一天发送委托方（一般是发改委）征求意见，如评估报告中对项目的建设内容、规模、方案、投资等方面进行了重大调整，评估单位应适当告知项目单位有关评估结果和情况。

（10）报告定稿、提交最终咨询成果。评估单位应在委托方或项目单位提出意见后 24 小时内完成评估报告的进一步完善和调整，形成评估报告终稿（定稿）。评估报告再次提交委托方之前，由咨询单位部门技术负责人审核后，交子公司技术负责人审核。

（11）资料归档。咨询项目完成后，按公司形成归档范围和要求，将咨询工作过程中所形成的技术文件资料加以系统地整理，组成保管单位（卷、袋、册、盒），由部门技术负责人审查后及时向公司综合档案室移交归档。内容一般包括：

1）咨询评估报告；

2）咨询报告附件资料（附专家意见表及评估过程中产生的相关批文）；

3）咨询项目报告审批通过后的相关批文；

4）被评估报告及相关资料（包括被评估报告正式文本及评估后的最终修订文本）；

5）咨询过程中来往函件；

6）公司内部报告审核流转单；

7）咨询评估正式报告电子版；

8）附件电子版（如有）。

2.12　决策阶段项目安全风险评价

工程项目的安全风险评估是指首先确定衡量水平的指标，然后采取科学方法将辨识出并经分类的风险事件按照其风险量估计的大小予以排序，进而根据给定的风险等级评定准则，对各个风险进行等级划分的过程。通过风险评估，可根据明确的风险等级，制定相应的风险对策，有针对、有重点地管理好风险。

安全风险评估的基本流程如下：

（1）充分了解所需要研究的工程情况，收集资料，包括工程背景、设计资料、气象资料、地质资料、工程已有的研究报告等；

（2）划分评价层次单元和研究专题；

（3）对可能发生的风险事故进行分类识别；

（4）对各风险事故的原因、发生工况、损失后果进行分析；

（5）使用定性与部分定量的评价方法对风险事故进行评价；

（6）对各风险事故提出控制措施的建议；

（7）对各评价单元的风险进行评价；

（8）对各评价单元的评价汇总成工程的总体风险评价；

（9）得出结论和建议；

（10）编制风险评估报告。

工程风险评价的流程如图 2-18 所示。

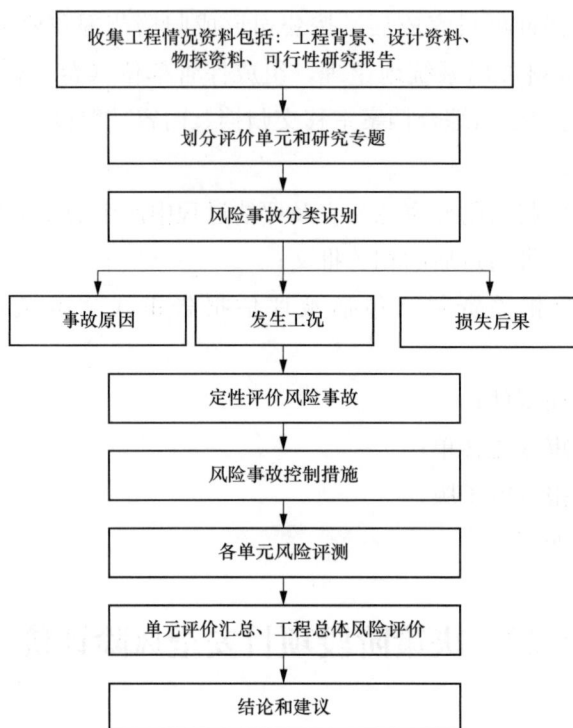

图 2-18　工程风险评价的流程

2.13　决策阶段项目投资估算

1. 投资估算的概念

投资估算是在项目投资决策的过程中，依据现有的资料和特定的方法对建设项目的投资数额进行的估计。它是项目建设前期编制项目建议书和可行性研究报告的主要组成部分，是项目决策的重要依据之一。投资估算的准确与否不仅影响到可行性研究工作的质量和经济评价结果，也直接关系到下一阶段的设计概算和施工图预算的编制，对建设项目资金筹措方案有直接影响。因此，全面准确地估算建设项目的工程造价，是可行性研究乃至整个决策阶段造价管理的重要任务。投资估算在项目开发建设过程中的作用表现有：

（1）项目建议书阶段的投资估算，是项目投资主管部门审批项目建议书的依据之一，并对项目的规划、规模起参考作用。

（2）项目可行性研究阶段的投资估算，是项目投资决策的重要依据，也是研究、分析、计算项目投资经济效果的重要条件。当可行性研究被批准后，其投资估算额即作为建设项目投资的最高限额，不得随意突破。

（3）项目投资估算对工程设计概算起控制作用，设计概算不得突破批准的投资估算额，并应控制在投资估算额之内。

（4）投资估算可作为项目资金筹措及制定建设贷款计划的依据，建设单位可根据批准的项目投资估算额，进行资金筹措和向银行申请贷款。

（5）项目投资估算是核算建设项目固定资产投资需要额和编制固定资产投资计划的重要依据。

2. 依据

建设项目投资估算的基础资料与依据主要包括以下几个方面。

（1）行业部门资料。

1）《投资项目可行性研究指南（试行版）》；

2）《建设项目经济评价方法与参数（第三版）》；

3）有关机构发布的建设工程造价费用构成、估算指标、计算方法，以及其他有关工程造价的文件；

4）有关机构发布的工程建设其他费用估算方法和费用标准，以及物价指数；

5）部门或行业制定的投资估算方法和估算指标。

（2）建设项目资料。

1）拟建项目的建设方案确定的各项工程建设内容及工程量；

2）拟建项目所需设备、材料的市场价格；

3）投资人的组织机构、经营范围、财务能力等；

4）根据不同行业项目的特殊要求需要的其他相关资料；

5）全过程工程咨询单位的知识和经验体系。

3. 内容

根据《投资项目可行性研究指南（试行版）》及《建设项目经济评价方法与参数（第三版）》等相关规定可知，投资估算是在对建设地块和地质条件，项目的建设规模、技术方案、设备方案、工程方案及项目实施进度等进行研究并基本确定的基础上，估算项目投入总资金，并测算建设期内分年资金需要量。投资估算作为制定融资方案、进行经济评价，以及编制初步设计概算的依据。

建设项目总投资包括土地使用费用、建设投资和流动资金。其中建设投资由建筑工程费、设备及工器具购置费、安装工程费、工程建设其他费用、基本预备费、涨价预备费、建设期利息构成。其中，建筑工程费、设备及工器具购置费、安装工程费形成固定资产；工程建设其他费用可分别形成固定资产、无形资产、递延资产。基本预备费、涨价预备费、建设期利息，在可行性研究阶段为简化计算一并计入固定资产。

建设投资可分为静态投资和动态投资两部分。静态投资部分由建筑工程费、设备及工器具购置费、安装工程费、工程建设其他费用、基本预备费构成；动态投资部分由涨价预备费和建设期利息构成。

建设项目总投资构成如图 2-19 所示。

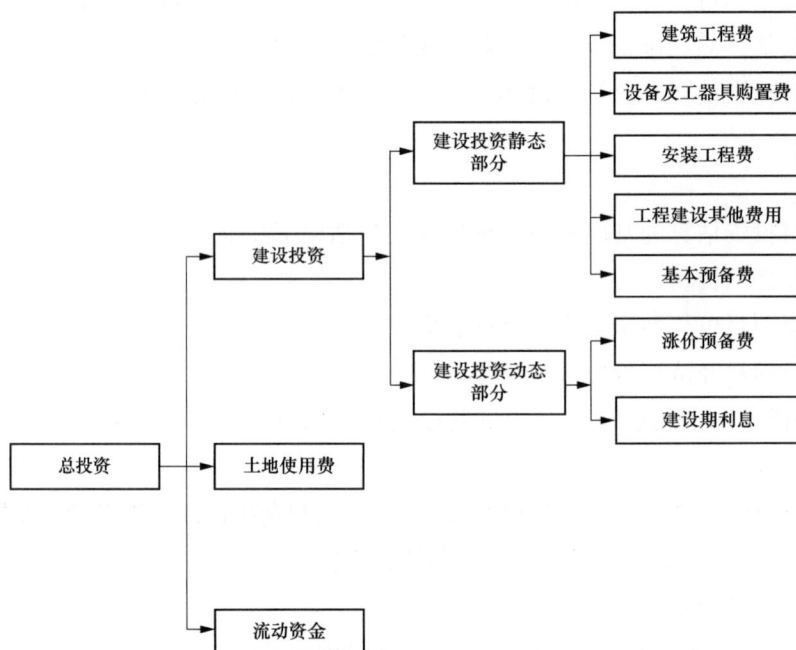

图 2-19　建设项目总投资构成图

其中建筑工程费是指为建造永久性建筑物和构筑物所需要的费用，如场地平整、厂房、仓库、电站、设备基础、工业窑炉、矿井开拓、露天剥离、桥梁、码头、堤坝、隧道等项工程的费用。

设备及工器具购置费，包括设备的购置费、工器具购置费、现场制作非标准设备费、生产用家具购置费和相应的运杂费。对于价值高的设备应按单台（套）估算购置费；价值较小的设备可按类估算。国内设备和进口设备的设备购置费应分别估算。

安装工程费，包括各种机电设备装配和安装工程费用，与设备相连的工作台、梯子及其装设工程费用，附属于被安装设备的管线敷设工程费用；安装设备的绝缘、保温、防腐等工程费用；单体试运转和联动无负荷试运转费用等。注意需要安装的设备才估算安装工程费。

工程建设其他费用估算。工程建设其他费用按各项费用科目的费率或者取费标准估算。

基本预备费，是指在项目实施中可能发生难以预料的支出，需要事先预留的费用，又称工程建设不可预见费，主要指设计变更及施工过程中可能增加工程量的费用。

涨价预备费是对建设工期较长的项目，由于在建设期内可能发生材料、设备、人工等价格上涨引起投资增加，需要事先预留的费用，亦称价格变动不可预见费。

建设期利息是指项目借款在建设期内发生并计入固定资产的利息。

流动资金是指生产经营性项目投产后，为进行正常生产运营，用于购买原材料、燃料，支付工资及其他经营费用等所需的周转资金。

复习思考题

1. 项目决策阶段土地管理的原则是什么？
2. 何为土地使用权？
3. 土地开发有哪些工作内容？
4. 决策阶段项目申请的流程是什么？
5. 项目决策阶段前期如何进行评估？

第3章

建设项目设计阶段咨询管理

本章学习目标

通过本章的学习，可以初步掌握建设项目设计阶段设计要求的提出、初步设计及其审批、设计方案的评审、施工图设计及审批、工程设计优化、投资控制以及设计管理的重难点等。

重点掌握：设计阶段初步设计及其审批、工程设计优化等。

一般掌握：施工图设计及审批。

本章学习导航

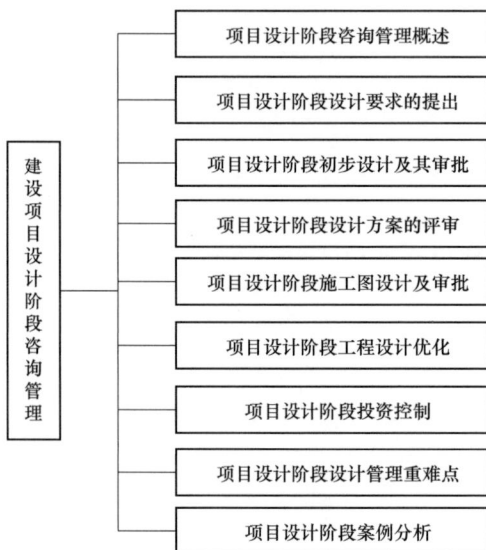

```
                                ┌─────────────────────────┐
                                │   项目设计阶段咨询管理概述   │
                                └─────────────────────────┘
                                ┌─────────────────────────┐
                                │  项目设计阶段设计要求的提出   │
                                └─────────────────────────┘
                                ┌─────────────────────────┐
                                │  项目设计阶段初步设计及其审批 │
          建                    └─────────────────────────┘
          设                    ┌─────────────────────────┐
          项                    │  项目设计阶段设计方案的评审   │
          目                    └─────────────────────────┘
          设                    ┌─────────────────────────┐
          计                    │ 项目设计阶段施工图设计及审批  │
          阶                    └─────────────────────────┘
          段                    ┌─────────────────────────┐
          咨                    │  项目设计阶段工程设计优化    │
          询                    └─────────────────────────┘
          管                    ┌─────────────────────────┐
          理                    │    项目设计阶段投资控制     │
                                └─────────────────────────┘
                                ┌─────────────────────────┐
                                │  项目设计阶段设计管理重难点  │
                                └─────────────────────────┘
                                ┌─────────────────────────┐
                                │   项目设计阶段案例分析     │
                                └─────────────────────────┘
```

3.1　项目设计阶段咨询管理概述

　　建设项目设计阶段是在决策阶段形成的咨询成果（如项目建议书、可行性研究报告、投资估算等）和投资人要求的基础上进行深化研究，对拟建项目进行综合分析、论证，编制项目勘察设计文件并提供相关咨询服务的过程。在决策阶段做出投资决策后，控制项目工程造价的关键就在于设计。设计阶段是在技术和经济上对拟建工程的实施进行全面的安排，也是对工程建设进行规划的过程。根据中国现行的法律法规和勘察、设计规范等，建设项目设计阶段主要包括工程勘察和工程设计两个环节。

　　工程设计的咨询是指接受建设单位的委托，根据建设工程的目标要求，对项目设计工作进行全过程（前期阶段、设计阶段、施工阶段）的监督及指导，并对各阶段设计成果文件进行复核及审查，纠正偏差和错误，提出优化建议，出具相应的咨询意见或咨询报告。

　　工程项目设计阶段的咨询工作在项目决策中的作用很大。简单地说项目的咨询工作就是对工程项目进行可行性研究，在工程项目建设之前对项目中涉及的工程技术、经济发展、社会因素等各个方面进行研究，认真对比项目涉及技术和经济各方面的内容，以及在项目建成以后对社会和环境等方面的预期评估，完成这些内容以后再进行这些方面的技术研究，保证项目在建成以后具有很好的社会价值。可见工程项目的咨询能够提供项目建设的重要依据，为项目投资者和建设的决策者提供很好的科学依据。

　　工程设计咨询的服务项目主要包括：设计要求的提出、初步设计及其审批、设计方案的评审、扩初设计的咨询管理、施工图设计及其审批、工程设计优化、技术经济方案比选及投资控制等。

3.2　项目设计阶段设计要求的提出

　　设计阶段设计要求的提出主要体现在设计任务书的编制。设计任务书的编制，要按有关规定执行，其深度应能满足开展设计的要求。设计单位必须积极参加设计任务书的编制、建设地址的选择、建设规划和试验研究等方面的设计前期工作。

　　对于建筑工程来说，在施工建设中不仅需要花费大量资金，投入大量人力、物力、财力，还需要应对各种多变的施工环境，而这些往往又是工程质量的重要因素。同时，在建筑工程中还存在一定数量的隐蔽工程，这些工程之间不仅存在较多联系，所使用的施工工艺也较为复杂，所以应加大对建筑工程质量控制的重视。在良好的质量控制下，能够有效提升建筑工程质量，在施工中便可发现存在于其中的问题，尤其是隐蔽工程中的问题可以在第一时间被发现，并联系实际情况采取行之有效的解决措施，施工质量也会因此得以提升，施工企业的经济效益也会相应提升，更可以避免大量投诉，这对促进施工企业健康发展有着十分重要的作用。

设计质量控制的内容如图 3-1 所示。

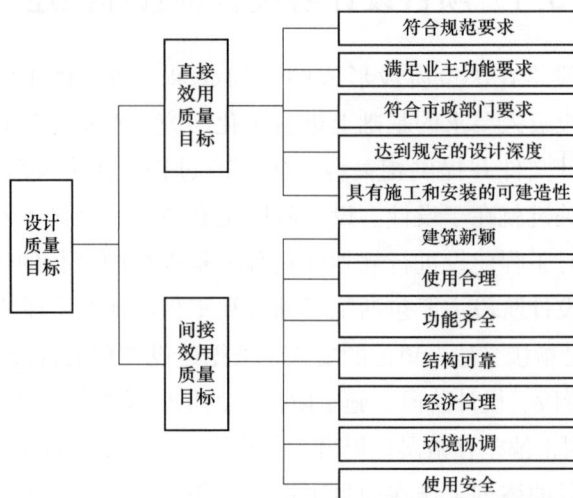

图 3-1　设计质量控制的内容

设计任务书是设计的依据，同时也是投资人的意图反映，因此，编制设计任务书是需要充分体现项目建议意义，力图达到明确表达设计意图、明确表达设计功能和要求的目的。设计任务书的工作程序如图 3-2 所示。

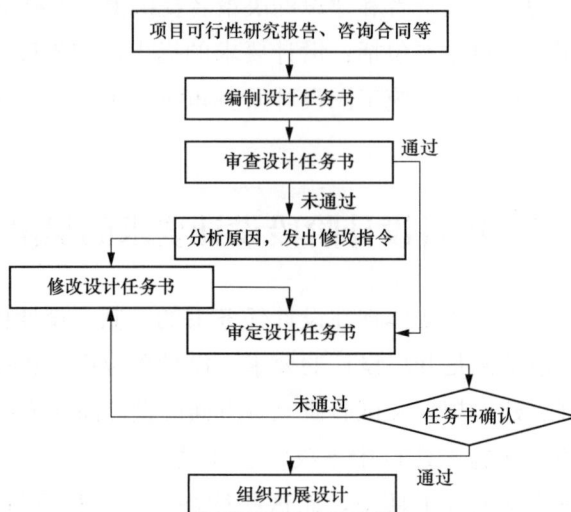

图 3-2　设计任务书的工作程序

3.3　项目设计阶段初步设计及其审批

初步设计阶段的目的是基本确定设计方案。必须根据批复的可行性研究报告、测设合同的要求，拟定修建原则，选定设计方案、拟定施工方案，计算工程数量及主要材料数量，编制设计概算，提供文字说明及图表资料。经审查批复后的初步设计文件，则为订购主要材料、机具、设备，安排重大科研试验项目，联系征用土地、拆迁，进行施工准备，编制施工图设计文件和控制建设项目投资等的依据。

初步设计深度不够是目前建设项目初步设计存在的一个普遍问题。因此，初步设计管理也要注重对设计人员经验和业务水平等方面的要求，加强对专业咨询工程师（设计）的管理。

注重初步设计的建设规模、建设功能、建设标准不能与可行性研究报告偏离，投资额度应控制在可行性研究报告确定的目标之内。

全过程工程咨询单位需要按国家《建筑工程设计文件编制深度规定》的要求及合同要求，严格审查初步设计文件的内容是否齐全，设计文件的份数是否满足合同约定。

项目初步设计文件编审程序如图 3-3 所示。

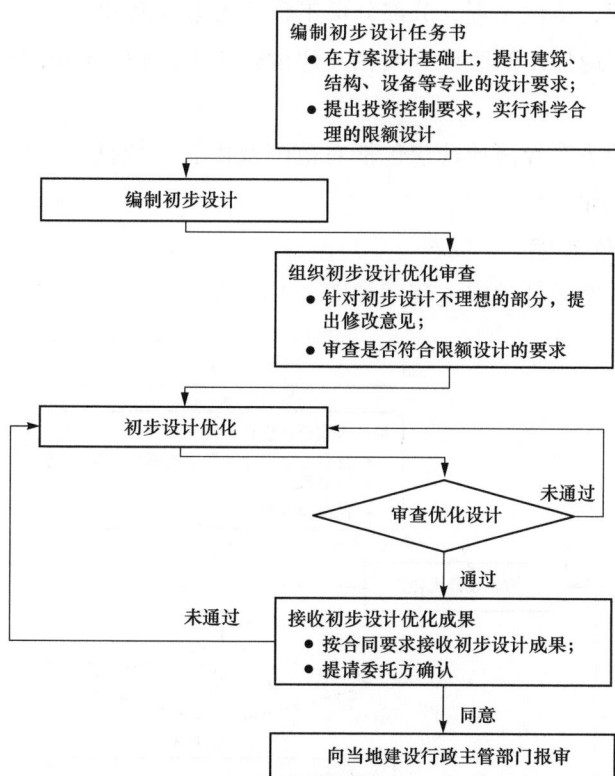

图 3-3　初步设计文件编审程序

3.4　项目设计阶段设计方案的评审

项目方案设计阶段是设计实质性的开始阶段。建筑设计方案应满足投资人的需求和编制初步设计文件的需要，同时需向当地规划部门报审。

1. 方案设计文件的编制内容

（1）设计说明书，包括各专业设计说明以及投资估算等内容；涉及建筑节能、环保、绿色建筑、人防等专业的设计说明应有相应的专门内容。

（2）总平面图以及相关建筑设计图纸（若为城市区域供热或区域燃气调压站，应提供热能动力专业的设计图纸）。

（3）设计委托或设计合同中规定的透视图、鸟瞰图、模型等。

2. 设计方案经济比选与优化

（1）全过程工程咨询单位在项目初步设计阶段可采用合理有效的经济评价指标体系和价值工程、全生命周期成本等分析方法对单项工程或单位工程设计进行多方案经济比选，编制优化设计的方案经济比选报告。

（2）全过程工程咨询单位应根据经济比选优化后的设计成果编制设计概算，并依次按照项目、单项工程、单位工程、分部分项工程或专业工程进行分解，作为深化设计限额。当超过限额时，应提出修改设计或相关建设标准的建议，同时修正相应的工程造价至限额以内。

（3）优化设计的方案经济比选应包括对范围及内容、依据、方法、相关技术经济指标、结论及建议的优化。

3. 方案设计工作流程

项目设计阶段方案设计编审流程图如图 3-4 所示。

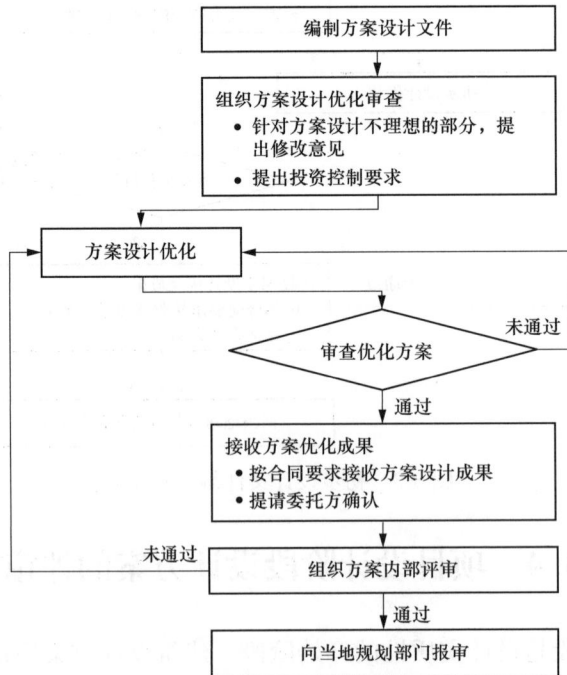

图 3-4　方案设计编审流程图

3.5　项目设计阶段施工图设计及审批

（1）合同要求所涉及的所有专业的设计图纸（含图纸目录、说明和必要的设备、材料表）以及图纸总封面；对于涉及建筑节能设计的专业，其设计说明应有建筑节能设计的专项内容；涉及装配式建筑设计的专业，其设计说明及图纸应有装配式建筑专项设计内容。

（2）合同要求的工程预算书。对于方案设计后直接进入施工图设计的项目，若合同未要求编制工程预算书，施工图设计文件应包括工程概算书。

（3）各专业计算书。计算书不属于必须交付的设计文件，但应按相关条款的要求编制并归档保存。

全过程工程咨询单位对施工图设计的编审程序如图 3-5 所示。

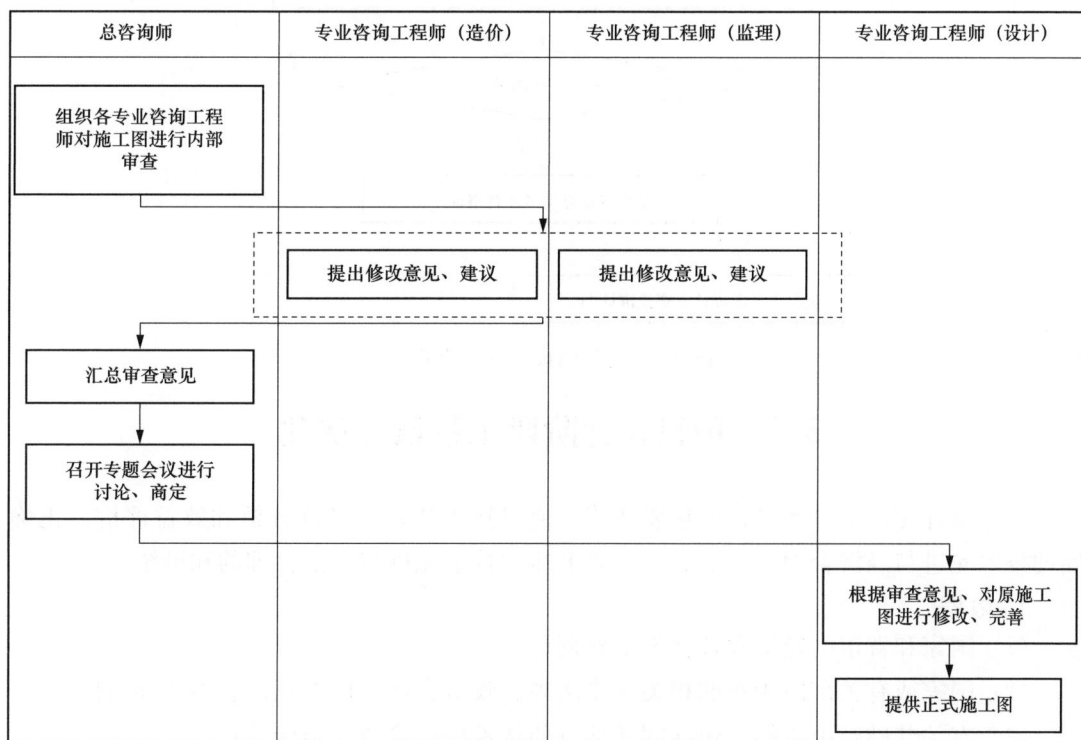

图 3-5　施工图设计的编审程序

政府施工图审查机构对施工图设计的审查程序如图 3-6 所示。

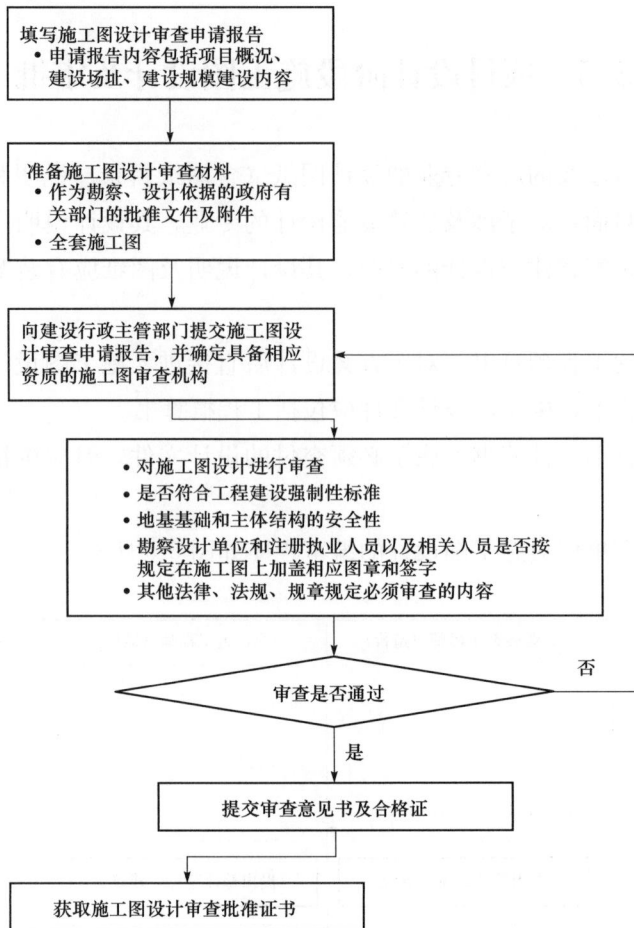

图 3-6　施工图设计的审查程序

3.6　项目设计阶段工程设计优化

工程设计优化是设计过程的重要环节，通过技术比较、经济分析和效益评价，正确处理技术先进与经济合理之间的关系，力求达到技术先进与经济合理的和谐统一。

1. 依据

（1）国家和省市的经济和社会发展规划；

（2）国家或有关部门颁布的相关法律法规、政策文件、标准规范、参数和指标等；

（3）有关基础数据资料，包括同类项目的技术经济参数、指标等；

（4）项目设计说明书、设计文件；

（5）项目的项目建议书（初步可行性研究报告）和咨询合同的具体委托要求；

（6）项目的投资估算、设计概算等。

2. 内容

（1）建立评价指标和参数体系，即设计方案评价与优化的衡量标准。评价指标和参数既要符合有关法律法规和标准规范的规定，也应能充分反映拟建项目投资人和其他利益相关者以及社会的需求，指标和参数体系包括的主要内容有：使用价值指标，即拟建项目满足功能的指标；反映创造使用价值所消耗的社会劳动消耗量指标；其他相关指标和参数等。指标和参数体系的建立，可按重要程度设置主要指标/参数和辅助指标/参数，并选择主要指标进行分析比较。

（2）方案评价：对备选方案进行筛选，剔除不可行的方案；根据评价指标和参数体系，对备选方案进行全面的分析比较，要注意各个方案间的可比性，要遵循效益与费用计算口径的一致性原则。

（3）方案优化：根据设计方案评价的结果，综合考虑项目工程质量、造价、工期、安全和环保五大目标，基于全要素造价管控进行优化，力求达到整体目标最优，在保证工程质量和安全、保护环境的基础上，追求全生命周期成本最低的方案。

（4）评价与优化方法：设计方案评价与优化的方法有很多，主要有目标规划法、层次分析法、模糊综合评价法、灰色综合评价法、价值工程法和人工神经网络法等。较为常用的是采用价值工程法进行方案比选和优化。

3. 程序

项目设计方案评价与优化咨询程序如图 3-7 所示。

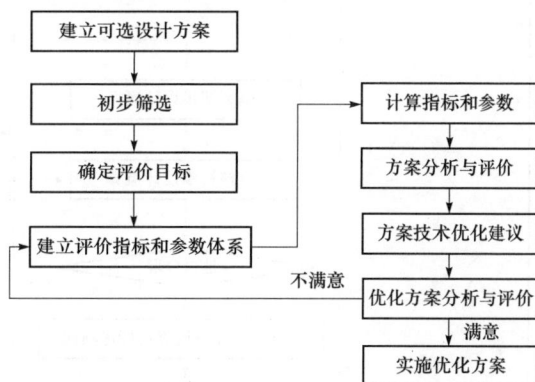

图 3-7 项目设计方案评价与优化咨询程序

3.7 项目设计阶段投资控制

建设工程总投资，一般是指进行某项工程建设花费的全部费用。生产性建设工程项目总投资包括固定资产投资和铺底流动资金两部分；非生产性建设工程项目总投资则只包括建设投资。

固定投资的构成：由设备工器具购置费、建筑安装工程费、工程建设其他费用、预备费（包括基本预备费和涨价预备费）和建设期利息组成。

设备工器具购置费，是指按照建设工程设计文件要求，建设单位（或其委托单位）购置或资质达到固定资产标准的设备和新、扩建项目配置的首套工器具及生产家具所需的费用。

建筑安装工程费，是指建设单位用于建筑和安装工程方面的投资，它是由建筑工程费和安装工程费两部分组成。

工程建设其他费用，是指未纳入以上两项的，根据设计文件要求和国家有关规定应由项目投资支付的，为保证工程建设顺利完成和交付使用后能够正常发挥效用而发生的一些费用。

铺底流动资金是指生产性建设工程项目为保证生产和经营正常进行，按规定应列入建设工程项目总投资的铺底流动资金。一般按流动资金的30％计算。

建设投资可以分为静态投资部分和动态投资部分。静态投资部分由建筑安装工程费、设备工器具购置费、工程建设其他费和基本预备费构成。动态投资部分，是指在建设期内，因建设期利息和国家新批准的税费、汇率、利率变动以及建设期价格变动引起的建设投资增加额，包括涨价预备费、建设期利息。

设计概算编审工作流程如图3-8所示。

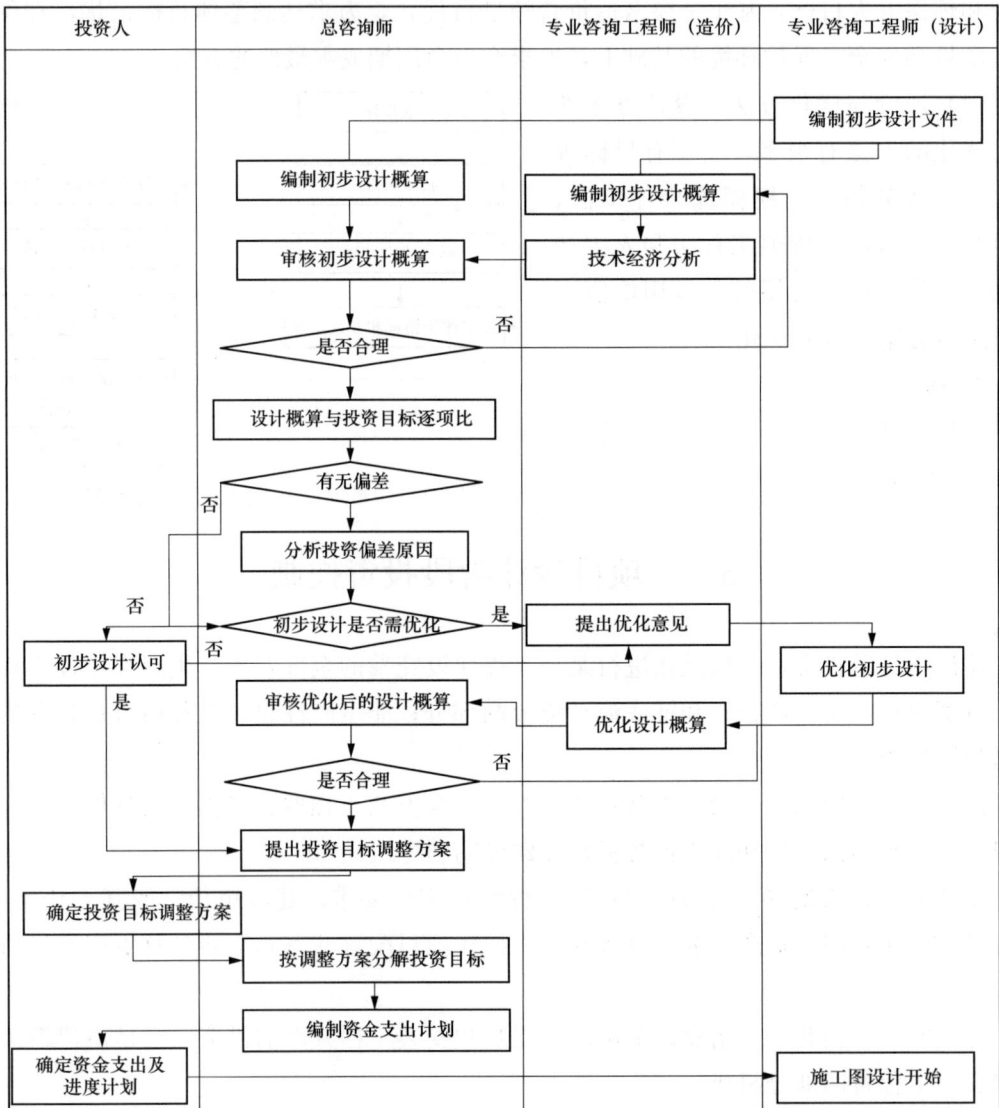

图3-8　设计概算编审工作流程图

3.8　项目设计阶段设计管理重难点

项目设计阶段项目的设计质量是设计管理的重点。项目的设计质量不仅直接决定了项目最终所能达到的质量标准，而且决定了项目实施的进度水平和费用水平。尤其在当前，推行节能建筑、绿色生态建筑、智能建筑，坚持可持续发展，这对项目设计水平和设计质量的控制较以往面更广、度更深、要求更高。

1. 设计质量管理

在项目设计管理中，相关参与主体都依法承担设计质量责任。设计质量管理，对于设计单位、工程总承包单位（EPC）而言，主要是内部控制，对于项目业主及管理单位而言，主要是对设计方的设计服务活动及其提交的设计文件的控制，其控制措施举例如下：

设计要求文件的编制。设计要求文件是工程项目设计的依据，是设计质量管理的重要内容。建设工程项目的每一个设计阶段都应该有针对其阶段的设计要求文件，根据设计阶段或专业的不同，对设计起指导作用的设计要求文件也不同。例如方案设计要求文件、方案竞赛（征集）文件、方案设计任务书、方案优化要求文件、初步设计任务书、修改初步设计要求文件、施工图设计要求文件，以及景观、幕墙、精装修、智能化、节能等专项设计要求文件。

编制并提出建设项目设计要求文件是一个建筑产品的目标、内容、功能、规模和标准的研究、分析、细化过程。在设计管理中，应足够重视向设计单位提出设计要求文件，否则设计单位设计出来的设计文件会偏离业主对拟建项目的预期，对实现项目目标影响极大。以项目前期的方案设计要求文件为例，要求征集业主方各部门的关注点，既是知道方案阶段设计的方向控制要素，也是后期检验设计成果对需求影响度的复核依据。

根据设计要求及相关规范完成的方案设计、初步设计、施工图设计各阶段及其各专业（结构、给水排水、暖通、电气、景观、幕墙、精装修、智能化、泛光照明、标志标识等）的设计成果，包括设计说明、图纸、分析图、概预算文件以及效果图、模型等，还需满足各阶段及其各专业的设计深度的要求。

2. 设计实施计划的审定

在设计单位开始设计前，设计管理部门应将设计依据文件资料送至设计单位；要求设计单位提供该项目的设计实施计划。设计管理负责人应对设计单位提交的"设计实施计划"予以审定，对设计输入、设计实施、设计输出、设计评审、设计验证、设计更改等设计重要过程的要求及流程予以明确。

以设计变更流程为例，如图 3-9 所示。

63

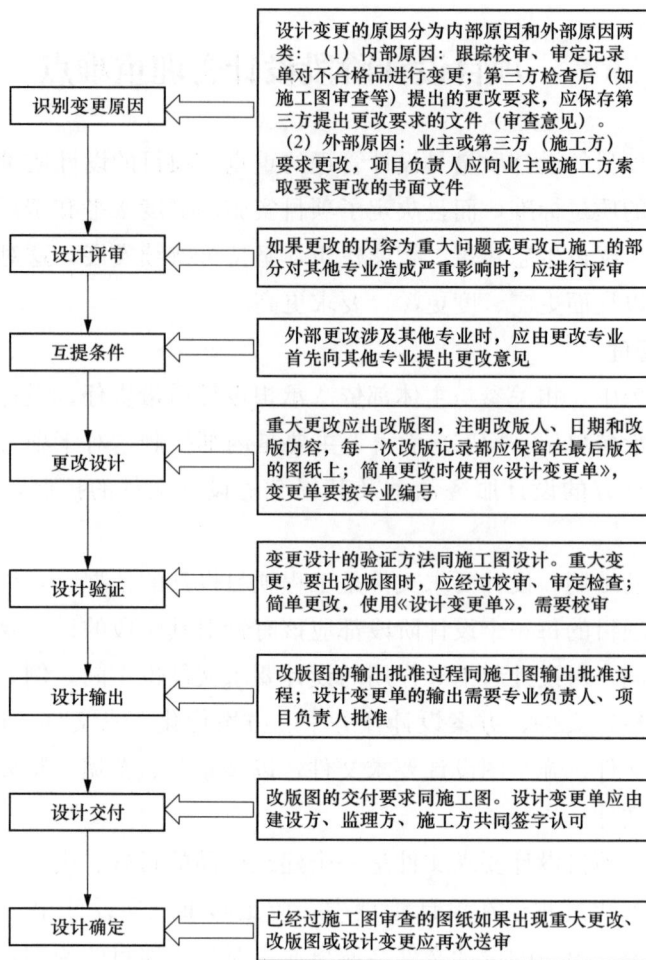

图 3-9　设计变更流程

3.9　项目设计阶段案例分析

1. 项目背景

济南市某道路大修工程全长约 3.35km，可研批复总投资 14964 万元。

受济南市某区市政和水务管理事务中心委托，由我方对本项目开展初步设计评审，收到建设单位提供资料后，评估方即成立项目评审小组，邀请专家开展评审工作。

与会专家和各政府部门代表听取了项目建设单位和设计单位对本项目初步设计情况的介绍，对工程设计方案、技术经济等进行了认真分析和讨论，提出诸多宝贵意见和建议，会后评估方根据专家组评估意见及设计单位提供的补充资料，经过综合研究分析，编制了《某道路大修工程初步设计文件评审报告》。

2. 主要评审内容

某道路大修工程初步设计评审工作主要包括初步设计文件的总体评审、可行性研究报告批复的符合性评审、各专业技术评审三方面内容，见表3-1。

表 3-1　　　　　　济南市某道路大修工程初步设计评审内容（摘要）

序号	项目	内容摘要
1	初步设计文件的总体评审	项目设计单位具有建筑工程设计甲级资质（A131000017），满足相应的资质条件。 项目的设计贯彻了国家政策、法规。 初步设计文件中设计说明书、设计图纸、概算书等文件，基本完整齐全，深度基本符合规定要求
2	与可研报告批复的符合性评审	工程建设范围与可研批复的一致性； 工程内容与可研批复的一致性； 工程投资估算与可研批复的符合性
3	各专业技术评审	道路专业：包括工程范围及内容、道路功能定位、可研评估报告的响应文件、编制依据、道路现状评价、路面结构层调查评价与对策、技术标准与规范、道路工程、附属工程、景观设计、交通组织、新工艺、新材料等； 给水排水专业：包括道路排水管道运行、雨水管连接等； 造价专业：包括概算依据、工程费调整、工程建设其他费用调整、预备费调整等

3. 评审结论及建议

（1）在专家组全面审核及设计单位补充说明基础上，经研究提出本项目初步设计评审结论如下：

本项目初步设计文件及各项补充资料基本满足初步设计文件编制的内容和深度要求。设计依据合理，工程建设规模、建设标准、总体方案和各专业设计基本满足要求。

本次上报初步设计文件中工程范围、建设内容、设计方案等内容与批复基本相符。本次上报总投资15067.92万元，核定后总投资15463.63万元，核增395.71万元，见表3-2。

表 3-2　　　济南市某道路大修工程批复投资与初步概算评估对比表（单位：万元）

指标	可研批复	上报概算	评估概算	评估超批复金额	评估后核增/核减金额
	1	2	3	4	5
（一）建安工程费用	12409.17	12529.96	13088.31	679.14	558.35
1. 道路工程	—	9667.22	10638.04	—	970.82
2. 路基工程	—	563.60	493.15	—	−70.45
3. 排水工程	—	697.08	620.24	—	−76.84
4. 附属工程	—	1343.51	1166.54	—	−16.98
5. 临时工程	—	258.55	170.35	—	−88.20
（二）工程建设其他费用	1842.11	1820.44	1638.95	−203.16	−181.49
（三）预备费用	712.56	717.52	736.36	23.80	18.84
总投资	14963.84	15067.92	15463.63	499.79	395.71

（2）提出评审建议如下：

对于技术专家提出的各项意见和建议，如果由于各种原因不便在本阶段修改的，一定要在后续设计阶段予以落实和完善。

建议尽快征询和了解相关部门意见，并作为施工图设计深化和优化工程方案的依据。

建议在项目设计、施工、竣工验收以及运行管理等环节加强节能、环保、卫生防疫等措施的落实。

应注意投资控制风险，对于项目的造价进行动态控制，以应对目前市场材料价格的波动。

复习思考题

1. 项目设计阶段设计要求提出的流程是什么？

2. 初步设计及其审批的流程是什么？

3. 设计阶段如何进行设计方案的评审？

4. 工程设计优化的流程是什么？

5. 项目设计阶段如何进行投资控制？

第 4 章

建设项目实施阶段咨询管理

本章学习目标

通过本章的学习，可以初步掌握建设项目实施阶段咨询管理概述、施工许可、招标采购、合同管理、质量控制、进度控制、成本控制、工程监理职能、管控重难点等相关内容。

重点掌握：项目实施阶段招标采购、项目实施阶段合同管理。

一般掌握：项目实施阶段工程监理职能。

本章学习导航

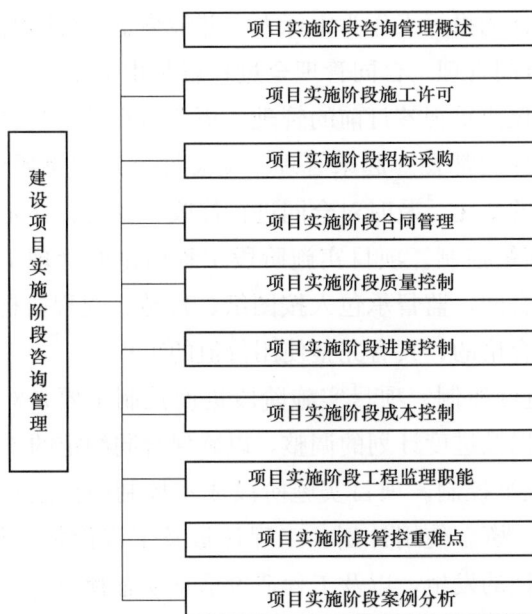

```
                                    ┌─────────────────────────┐
                                    │   项目实施阶段咨询管理概述   │
                                    └─────────────────────────┘
                                    ┌─────────────────────────┐
                                    │   项目实施阶段施工许可      │
                                    └─────────────────────────┘
                                    ┌─────────────────────────┐
                                    │   项目实施阶段招标采购      │
                                    └─────────────────────────┘
               ┌──────┐            ┌─────────────────────────┐
               │建     │            │   项目实施阶段合同管理      │
               │设     │            └─────────────────────────┘
               │项     │            ┌─────────────────────────┐
               │目     │            │   项目实施阶段质量控制      │
               │实     │            └─────────────────────────┘
               │施     │            ┌─────────────────────────┐
               │阶     │            │   项目实施阶段进度控制      │
               │段     │            └─────────────────────────┘
               │咨     │            ┌─────────────────────────┐
               │询     │            │   项目实施阶段成本控制      │
               │管     │            └─────────────────────────┘
               │理     │            ┌─────────────────────────┐
               └──────┘            │   项目实施阶段工程监理职能   │
                                    └─────────────────────────┘
                                    ┌─────────────────────────┐
                                    │   项目实施阶段管控重难点    │
                                    └─────────────────────────┘
                                    ┌─────────────────────────┐
                                    │   项目实施阶段案例分析      │
                                    └─────────────────────────┘
```

4.1 项目实施阶段咨询管理概述

建设项目实施阶段是工程管理难度最大的阶段，同时也是项目管理周期中工程量最大，投入人力、物力、财力最多的阶段。实施阶段是根据前期设计、承发包阶段所确定下来的设计图纸、技术要求、招投标文件、施工合同的约定以及其他规定对项目进行建设的阶段。在项目实施阶段，建设项目取得成功的关键取决于全过程工程咨询单位是否依据施工合同有效控制并优化质量、进度、成本。

1. 实施阶段工作内容

（1）项目实施阶段的工作内容。全过程工程咨询单位按施工合同规定对成本、质量、进度进行控制，协调投资人、承包人各方关系，约束双方履行自己义务，维护双方合法权益，使工程项目顺利实施。在此阶段，主要包括的工作内容如下：

1）项目实施阶段施工许可。建筑工程开工前，建设单位应当按照国家有关规定向工程所在地县级以上人民政府建设行政主管部门申请领取施工许可证。这些建筑工程包括各类房屋建筑及其附属设施的建造、装修装饰和与其配套的线路、管道、设备的安装，以及城镇市政基础设施工程的施工。

2）项目实施阶段招标采购。招标采购的程序是：采购方根据已确定的采购需求，提出招标采购项目的条件，邀请有兴趣的供应商参加活动投标，最后由招标人通过对各种投标人所提出的价格、质量、交货期限和该投标人的技术水平、财务状况等因素进行综合比较，确定其中最佳的投标人作为中标人，并最终签订合同的过程。

3）项目实施阶段合同管理。合同管理全过程就是由洽谈、草拟、签订、生效开始，直至合同失效为止。不仅要重视签订前的管理，更要重视签订后的管理。系统性就是凡涉及合同条款内容的各部门都要一起来管理。动态性就是注重履约全过程的情况变化，特别要掌握对自己不利的变化，及时对合同进行修改、变更、补充或中止和终止。

4）项目实施阶段质量控制。项目实施阶段工程质量的管理工作是根据投资人的委托，按照建设工程施工合同，监督承包人按图纸、规范、规程、标准施工，使施工安装有序地进行，最终形成合格的、具有完整使用价值的工程。

5）项目实施阶段进度控制。项目实施阶段进度控制主要是对进度计划进行跟踪和检查、进度计划的控制以及进度计划的调整，以确保合同约定的工期内完成建设项目。

6）项目实施阶段成本控制。项目实施阶段成本控制中全过程工程咨询单位在造价管控方面的工作重点为：资金使用计划、工程计量及工程价款支付审核，询价与核价，工程中变更、索赔、签证的发生，以及工程造价信息动态管理等。

（2）实施阶段各参与单位的工作职责。项目实施阶段涉及的利益相关主体众多，参与单位可概括为：投资人、全过程工程咨询单位、承包人，各参与单位在该阶段的主要职责有：

1）投资人：确定全过程工程咨询单位及承包人，并签订合同，对项目实施进行监督。

2）全过程工程咨询单位：对项目实施进行全过程管理、协调，以确保项目目标的实现。

3）承包人：按合同要求完成承包任务。

2. 项目实施阶段管理组织模式

项目实施阶段各参与单位的组织关系图如图 4-1 所示。建设项目实施阶段主要参与单位包括投资人、全过程工程咨询单位、承包人等。

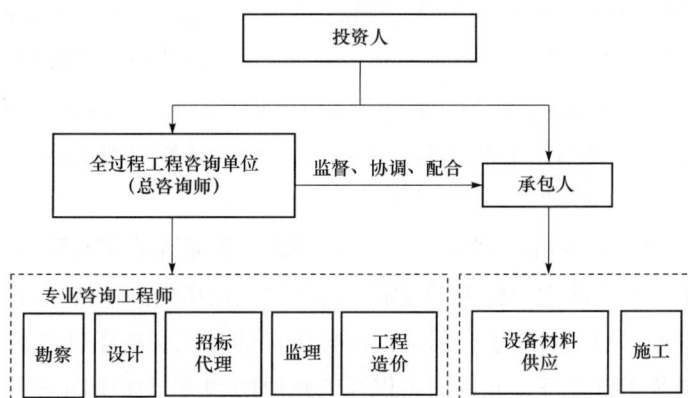

图 4-1　项目实施阶段各参与单位的组织关系图

作为对比，EPC 承包模式下全过程工程咨询单位、EPC 承包人组织关系图如图 4-2 所示。

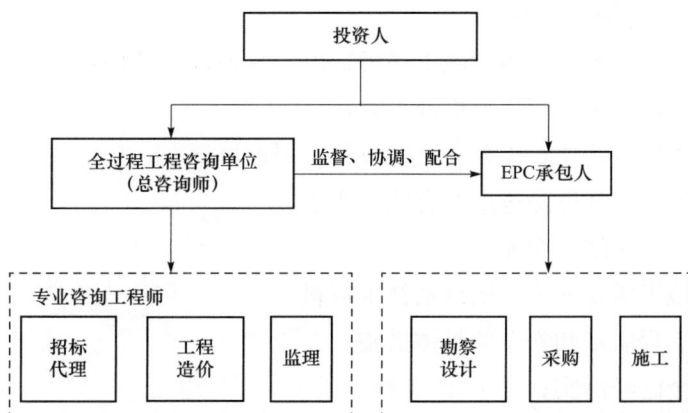

图 4-2　EPC 承包模式下全过程工程咨询单位、EPC 承包人组织关系图

4.2　项目实施阶段施工许可

1. 施工许可证概述

建设工程施工许可证是建筑施工单位符合各种施工条件、允许开工的批准文件，是

建设单位进行工程施工的法律凭证，也是房屋权属登记的主要依据之一。没有施工许可证的建设项目均属违章建筑，不受法律保护。当各种施工条件完备时，建设单位应当按照计划批准的开工项目向工程所在地县级以上人民政府建设行政主管部门办理施工许可证手续，领取施工许可证。未取得施工许可证的不得擅自开工。施工许可证如图4-3所示。

图4-3 施工许可证

《建筑法》第七条规定，建筑工程开工前，建设单位应当按照国家有关规定向工程所在地县级以上人民政府建设行政主管部门申请领取施工许可证；但是，国务院建设行政主管部门确定的限额以下的小型工程除外。按照国务院规定的权限和程序批准开工报告的建筑工程，不再领取施工许可证。

对建筑工程实行施工许可证制度，是许多国家对建筑活动实施监督管理所采用的做法，不少国家在其建筑立法中对此做了规定。这项制度是指由国家授权有关行政主管部门，在建筑工程施工开始以前，对该项工程是否符合法定的开工必备条件进行审查，对符合条件的建筑工程发给施工许可证，允许该工程开工建设的制度。在中国对有关建筑工程实行施工许可证制度，有利于保证开工建设的工程符合法定条件，在开工后能够顺利进行；同时也便于有关行政主管部门全面掌握和了解其管辖范围内有关建筑工程的数量、规模、施工队伍等基本情况，及时对各个建筑工程依法进行监督和指导，保证建筑活动依法进行。

2. 申请施工许可证的条件

根据《建筑法》第8条，申请施工许可证应当具备以下条件：

（1）已经办理该建筑工程用地批准手续；

（2）在城市规划区的建筑工程，已经取得规划许可证；

（3）需要拆迁的，其拆除进度符合施工要求；

（4）已经确定建筑施工企业；

（5）有满足施工需要的施工图纸及技术资料；

（6）有保证工程质量和安全的具体措施；

（7）建设资金已经落实；

（8）法律、行政法规规定的其他条件。

3. 申领施工许可证的程序

根据《北京市建筑工程重新申领、变更及补发施工许可证管理办法》（京建工〔2006〕435号），申领施工许可证程序如下：

（1）提交材料。

1）重新申领施工许可证的提交：

① 建设单位发生变更的，建设单位重新申领建筑工程施工许可证时，应提交以下材料：

变更情况说明及法人委托书
原施工许可证正本、副本原件
重新填写、盖章的施工许可申请表
建筑施工企业安全生产管理人员安全生产考核合格证书（B本、C本）和《地上、地下管线及建（构）筑物资料移交单（表 AQ-A-2）》原件
已变更的国有土地使用证书、建设工程规划许可证，房屋装饰装修工程应当提交房屋所有权人同意的证明
在建工程，提交施工、监理合同变更备案表
竣工工程，提交原建设单位与施工单位、监理单位的合同终止备案登记表
需要挖掘道路的，提交道路主管部门、公安机关交通管理部门同意掘路占道证明
需要提交资金证明的，续建工期不足 1 年的，到位资金不得少于续建工程合同价款的 50％；续建工期超过 1 年的，到位资金不得少于续建工程合同价款的 30％

② 施工单位发生变更的，建设单位重新申领施工许可证时，应提交以下材料：

变更情况说明及法人委托书
原施工许可证正本、副本原件
建筑施工企业安全生产管理人员安全生产考核合格证书（B本、C本）原件和《地上、地下管线及建（构）筑物资料移交单（表 AQ-A-2）》原件
重新填写、盖章的施工许可申请表
招投标管理部门出具的施工合同解除备案表
建设单位与原施工单位共同确认的原施工单位已退出施工现场的声明
变更后的施工合同备案表

2）变更施工许可证的提交：

① 监理单位发生变更的，建设单位提出变更申请时，应提交以下材料：

变更事项书面申请及法人委托书
原施工许可证正本、副本原件
《建筑工程施工许可证申请表》
与原监理单位合同解除协议
变更后的监理合同备案表

② 设计单位发生变更的，建设单位提出变更申请时，应提交以下材料：

变更事项书面申请及法人委托书
原施工许可证正本、副本原件
《建筑工程施工许可证申请表》
建设单位与设计合同解除协议
已变更设计单位的施工图设计文件审查通知书
变更为新设计单位的建设工程规划许可证及附图

③ 工程名称变更的，建设单位提出变更申请时，应提交以下材料：

变更事项书面申请及法人委托书
原施工许可证正本、副本原件
《建筑工程施工许可证申请表》
已变更的建筑工程规划许可证
在建工程，还应提交招投标管理部门出具的施工、监理合同备案表

④ 建筑规模变更的，建设单位提出变更申请时，应提交以下材料：

变更事项书面申请及法人委托书
原施工许可证正本、副本原件
建筑施工企业安全生产管理人员安全生产考核合格证书（B本、C本）和《地上、地下管线及建（构）筑物资料移交单（表AQ-A-2)》原件（施工安全监督备案用）
变更后的建设工程规划许可证正本、附件的复印件
房屋装饰装修工程，应当取得房屋所有权人同意增加装修规模的证明
需要进行施工图审查的，应提交施工图设计文件审查通知书；有人防工程的，需提交施工图备案通知单
变更后的施工、监理合同备案表
需要挖掘道路的，提交道路主管部门、公安交通管理部门同意掘路占道证明
资金证明，增加建筑规模部分工期不足1年的，到位资金不得少于新签订工程合同价款的50%；增加建筑规模部分工期超过1年的，到位资金不得少于新签订工程合同价款的30%

⑤ 合同开工日期、合同竣工日期变更的，由建设单位提出。

⑥ 建筑工程施工许可证遗失的，建设单位申请补发建筑工程施工许可证时，提交以下材料：

补发申请及法人委托书
建设单位组织机构代码证书复印件
刊登在市级以上报纸的建筑工程施工许可证遗失声明

（2）注意事项：申请材料齐全、符合法定形式。

4.3　项目实施阶段招标采购

招投标制度最早起源于英国，最初作为一种"公共采购"或"集中采购"的手段出现。从我国实行招投标制度十多年的实践看，实行招标投标制度对于推行投融资和流通体制改革、创造公平竞争的市场环境、提高资金使用效益、节省外汇、保证工程质量、有效避免采购环节出现腐败现象等都具有重要意义，招标投标方式的先进性和实效性已得到公认。

1. 招标策划

（1）投资人需求分析。全过程工程咨询单位可通过实地调查法、访谈法、问卷调查法、原型逼近法等收集投资人对拟建项目质量控制、造价控制、进度控制、安全环境管理、风险控制、系统协调性和程序连续性等方面的需求信息，编制投资人需求分析报告，主要内容如图 4-4 所示。

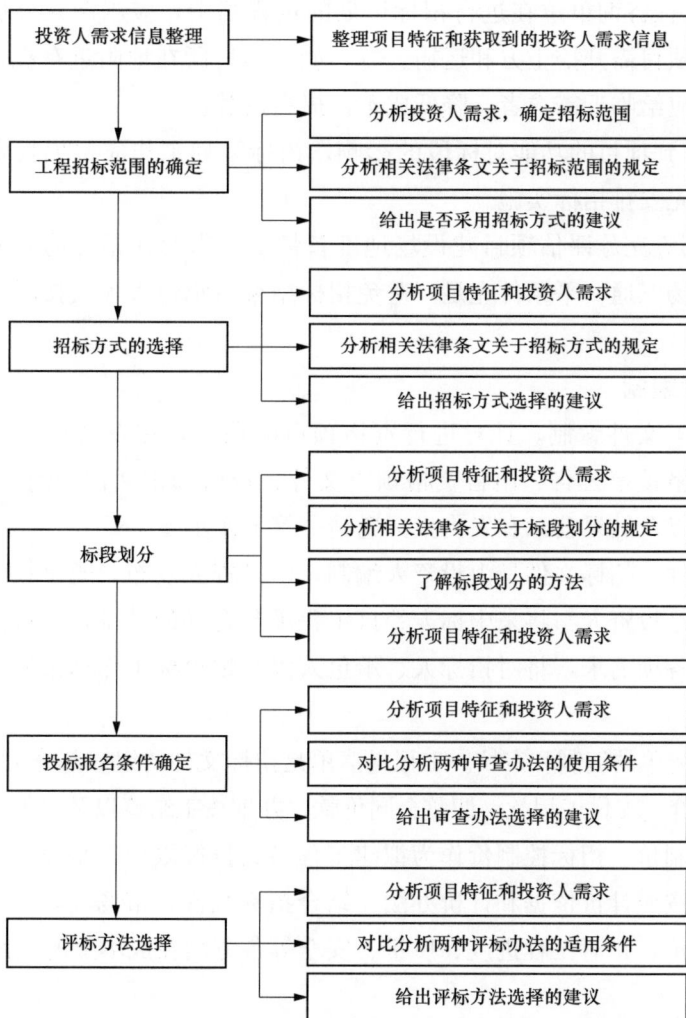

图 4-4 投资人需求分析主要内容

（2）程序。全过程工程咨询单位通过了解拟建项目情况、投资人需求分析、标段划分、招标方式选择、合同策划、招标时间安排等细节工作，将工作关键成果进行汇总整理，编写成招标策划书。招标策划书编写程序如图 4-5 所示。

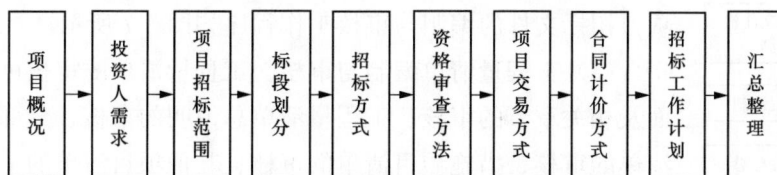

图 4-5 招标策划书编写程序

（3）注意事项。

1）全过程工程咨询单位在进行招标策划的过程当中，应当深入分析社会资源供需情况，如拟招标项目需开挖土方和运输土方，如果项目所在地附近存在土方需求，则考虑将开挖土方供应给临近需求者，降低成本，提高效益。

2）充分考虑到项目的功能对标段的影响，招标策划工作应根据投资人需求，对优先使用的功能优先安排招标实施。

3）招标策划应充分评估项目建设场地准备情况，需要在招标前完成土地购置和征地拆迁工作，现场三通一平条件充足，避免招标结束后承包人无法按时进场施工导致索赔或纠纷问题。

2. 招标文件编制

（1）资格预审文件编制。针对进行资格预审的项目，在发售招标文件前进行的工作，包括发布资格预审公告、出售资格预审文件、资格预审文件补遗、接收申请文件、组建评审委员会以及结果公示和发出投标邀请书等工作步骤。

（2）招标文件。招标文件是由投资人编制，由投资人发布，既是投标单位编制投标文件的依据，也是投资人与将来中标人签订工程承包合同的基础，承包人如果回应了招标文件中提出的各项需求，将对招标人、承包人以及招投标工作结束后的承发包双方都有约束力。

（3）工程量清单的编制和审核。工程量清单是招标文件的组成部分，是作为编制招标控制价、投标报价、支付工程款、调整合同价款、办理竣工结算以及工程索赔等依据之一。

（4）招标控制价。招标控制价作为拟建工程最高投标限价，是投资人在招标工程量清单的基础上，按照计价依据和计价办法，结合招标文件、市场实际和工程具体情况编制的最高投标限价，是对工程进度、质量、安全等各方面在成本上的全面反映。

3. 程序

（1）资格预审文件编制程序。资格预审文件是告知申请人资格预审条件、标准和办法，并对申请人经营资格、履约能力进行评审，确保合格承包人的依据。

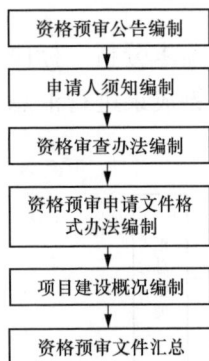

资格预审文件编制程序如图4-6所示。

（2）招标文件编审程序。依据国家法律、法规以及CECA/GC 4—2017《建设项目全过程造价咨询规程》的相关要求，建设项目招标文件的编制与审核工作程序如图4-7所示。

（3）工程量清单编制与审核。工程量清单的审核可以分为对封面及相关章节的审核、工程量清单总说明的审核、分部分项工程量清单的审核、措施项目清单的审核、其他项目清单的审核、规费税金项目清单的审核及补充工程量清单项目的审核。工程量清单审核流程如图4-8所示。

资格预审公告编制

↓

申请人须知编制

↓

资格审查办法编制

↓

资格预审申请文件格式办法编制

↓

项目建设概况编制

↓

资格预审文件汇总

图4-6　资格预审
文件编制程序

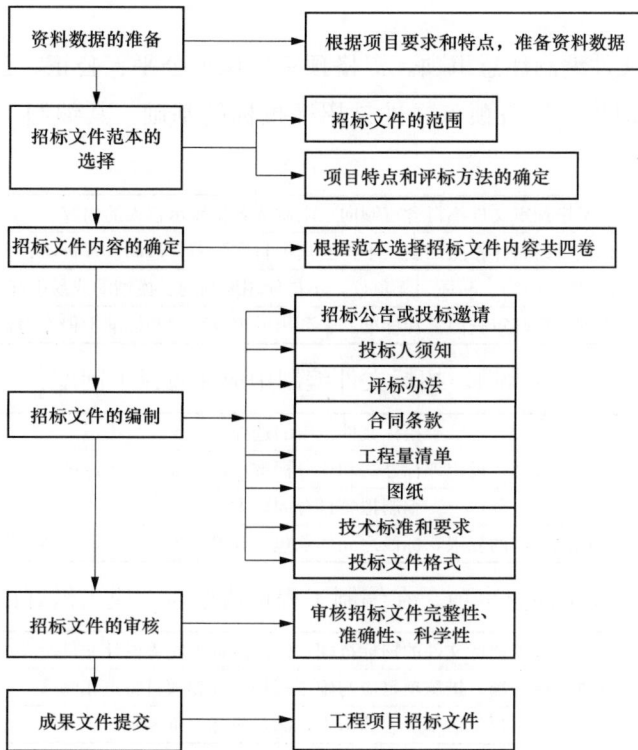

图 4-7　建设项目招标文件的编制与审核程序图

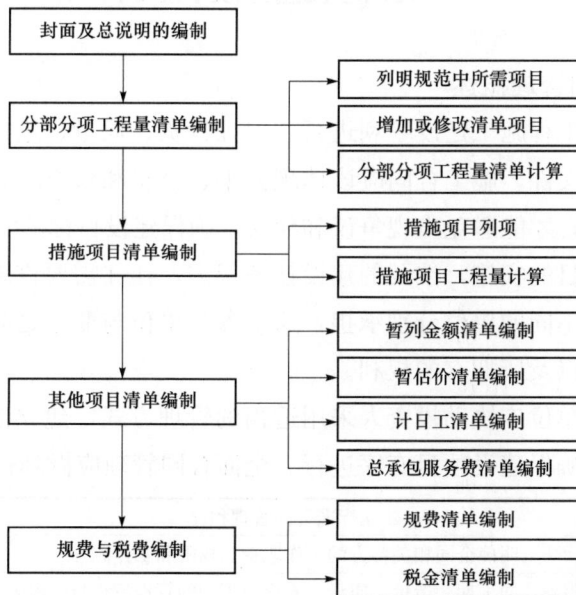

图 4-8　工程量清单审核流程图

4. 注意事项

（1）资格预审文件编制注意事项。资格预审应保证公平、公正、公开的原则，不允许偏袒任何承包申请人。资格预审文件是招标投标的基础，其编制工作应该做到如下内容：

资格预审文件不得含有倾向、限制或者排斥承包人的内容
资格预审文件应当根据招标项目的具体特点编制，不得脱离项目实际需要过高设置资质、人员、业绩等资格条件
资格审查内容应具体、清晰、易懂、无争议，不得使用原则的、模糊的或易引起歧义的语句
资格预审文件应详细列明全部审查因素和标准，未列出的审查因素和标准不得作为资格预审的依据

（2）招标文件编制注意事项。招标文件编制中应注意以下问题：

招标文件范本的选择
科学选择、设定评标办法和评分标准，以择优竞价为原则
编制拟签订合同样本
准备界定标段之间的界限，标段之间的承包人和投资人的责权利应清晰明确

（3）工程量清单编制注意事项。在编制工程量清单时，应当做好以下工作：

充分理解招标文件的招标范围，协助投资人完善设计文件
认真踏勘现场，措施项目应与施工现场条件和项目特点相吻合
工程量清单应表达清晰，满足投标报价要求

4.4 项目实施阶段合同管理

1. 建设工程合同管理概述

施工合同是保证工程施工建设顺利进行，保证投资、质量、进度、安全等各项目目标顺利实施的统领性文件，施工合同应该体现公平、公正和双方真实意愿的特点，施工合同只有制定的科学，才能避免出现争议和纠纷，确保建设目标的实现。

一个建设工程项目的实施，涉及的建设任务很多，往往需要许多单位共同参与，不同的建设任务往往由不同的单位分别承担，这些参与单位与业主之间应该通过合同明确其承担的任务和责任以及所拥有的权利。

全过程工程咨询单位应协助投资人采用适当的管理方式，建立健全合同管理体系以实施全面合同管理，确保建设项目有序进行。全面合同管理应做到：

建立标准合同管理程序
明确合同相关各方的工作职责、权限和工作流程
明确合同工期、造价、质量、安全等事项的管理流程与时限等

2. 全过程工程咨询合同管理主要工作内容

（1）策划项目合同总体结构。

（2）协助拟订合同文件。

（3）协助业主开展合同谈判和合同签订。

（4）监督检查各参建单位合同履约情况。

（5）处理合同纠纷与索赔事宜。

（6）合同中止后开展合同评价，编制合同总结报告，移交合同文件。

3. 全过程工程咨询单位合同条款策划程序

全过程工程咨询单位合同条款策划程序如图 4-9 所示。

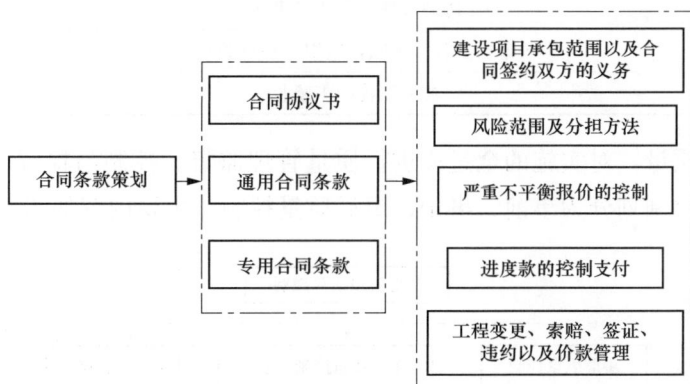

图 4-9　全过程工程咨询单位合同条款策划程序图

4. 注意事项

（1）合同条款策划要符合合同的基本原则，不仅要保证合法性、公正性，而且要合理分担风险，促使各方面的互利合作，确保高效率地完成项目目标。

（2）合同条款策划应保证项目实施过程的系统性、协调性和可实施性。

（3）合同承包范围应清晰，合同主体和利益相关方责权利和义务明确。

4.5　项目实施阶段质量控制

全过程工程咨询单位是建设项目实施阶段质量管理的重要管理主体之一，质量管理实施的核心是质量管理目标的确定。根据建设工程投资人及利益相关者需求，以及依据所签订的施工合同并结合工程本身及所处环境特点进行综合论证。在实施阶段主要是对建设项目进行质量控制。

1. 实施阶段质量控制内容

为了完成实施阶段质量控制任务，全过程咨询单位专业咨询工程师需要做好以下工作：

协助投资人做好施工现场准备工作，为承包人提交合格施工现场

审查确认承包人资格

检查工程材料、构配件、设备质量
检查施工机械和机具质量
审查施工组织设计和施工方案
检查承包人现场质量管理体系和管理环境
控制施工工艺过程质量
验收分部分项工程和隐蔽工程
处置工程质量问题、质量缺陷
协助处理工程质量事故
审核工程竣工图，组织工程预验收
参加工程竣工验收

为确保工程质量，对实施的全过程进行质量管理监督、控制与检查，按照实施过程前后顺序将过程控制划分为事前、事中、事后质量控制，主要内容如图 4-10 所示。

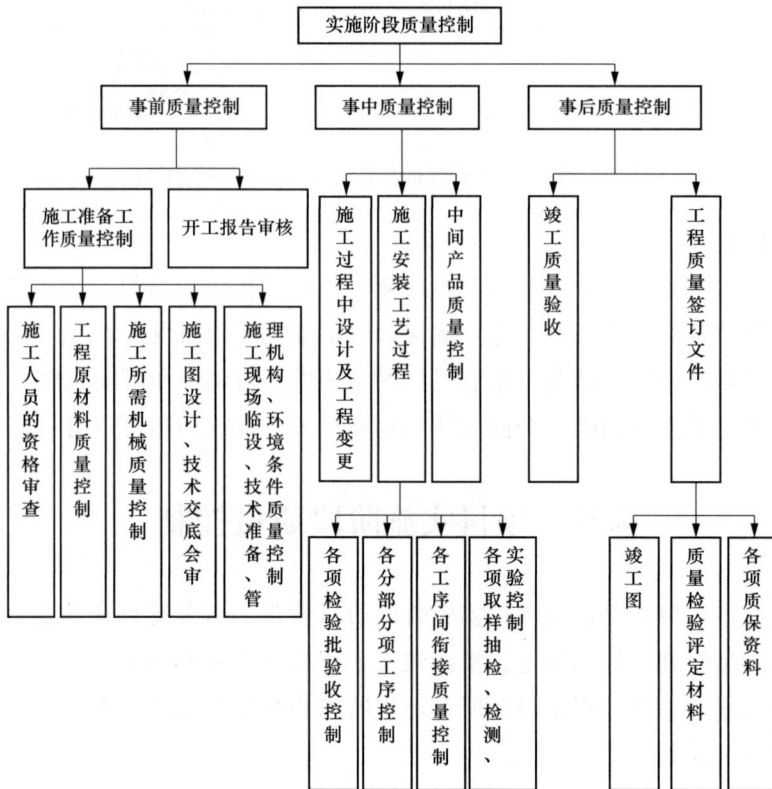

图 4-10　按照施工过程时段的施工质量控制内容

2. 质量管理组织机构

质量管理组织机构设置是要明确质量管理部门及人员岗位职责、权限，建立包括各参建单位在内的项目质量管理制度。

建设项目实施阶段中质量管理组织机构反映各参建单位在质量管理体系中的相互关系，全过程工程咨询单位、承包人、投资人质量管理组织机构框图如图 4-11 所示。

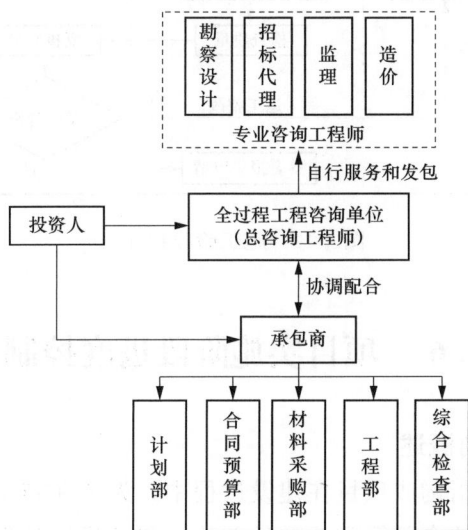

图 4-11　全过程工程咨询单位、承包人、投资人质量管理组织机构框图

3. 程序

（1）工程开工前，应严格按照开工程序、严格执行进场材料的报审、严格监督各项方案措施落实。

（2）工程施工过程中，在每道工序完成后，严格检查验收程序的执行。承包人应进行自检，自检合格后，填报报验申请表交全过程工程咨询单位专业咨询工程师检验。

（3）在施工质量验收过程中，涉及结构安全的试块、试件以及有关材料，应按规定进行见证取样检测；对涉及结构安全和使用功能的重要分部工程，应进行抽样检测。

4. 注意事项

（1）在工程施工过程中，全过程工程咨询单位应将质量目标细化并明确到具体责任人，做好应对准备措施。

（2）注重质量控制程序，明确权责，并向实施者灌输质量意识。

（3）各项施工任务完成后，应及时完善质量保证文件。

5. 施工验收程序

施工质量验收是对已完成工程实体的内在质量和外观质量按规定程序检查后，确认其是否符合设计及各项验收标准的要求，这是可交付使用的重要环节。施工验收程序如图 4-12 所示。

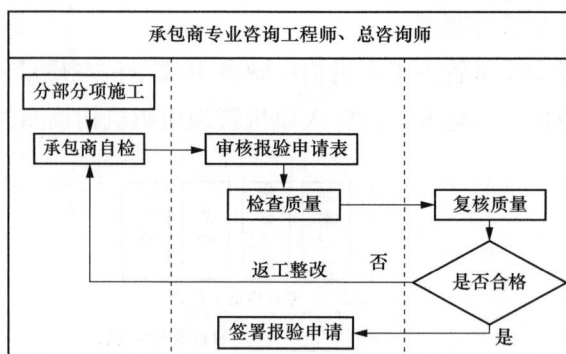

图 4-12　施工验收程序

4.6　项目实施阶段进度控制

1. 实施阶段进度控制概述

建设项目进度控制是指构成项目在建设过程中，为了在施工合同约定的工期内完成工程项目建设任务而开展的全部管理活动的总称，包括进度计划的跟踪和检查、进度计划控制以及进度计划调整等工作。

2. 实施阶段进度控制内容

全过程工程咨询单位专业咨询工程师应审查承包人报审的施工总进度计划和阶段性施工进度计划，提出审查意见，并由总咨询师审核后报投资人。

（1）施工进度计划审查如下：

施工进度计划应符合施工合同中工期的约定
施工进度计划中主要工程项目无遗漏，应满足分批投入试运、分批动用需要，阶段性施工
进度计划应满足总进度控制目标的要求
施工顺序的安排应符合施工工艺要求
施工人员、工程材料、施工机械等资源供应计划应满足施工进度计划的需要

（2）施工进度计划跟踪如下：

专业咨询工程师应检查施工进度计划的实施情况，发现实际进度严重滞后于计划进度且影响合同工期时，应签发监理通知单，要求承包人采取调整措施加快施工进度
总咨询师应向投资人报告工期延误风险
在项目实施过程中，全过程工程咨询单位应组织、督促进度控制人员定期跟踪检查施工实际进度情况

3. 实施阶段进度计划检查程序

全过程工程咨询单位建设项目进度计划检查系统过程图如图 4-13 所示。

4. 项目实施阶段进度控制程序

项目实施阶段进度控制程序如图 4-14 所示。

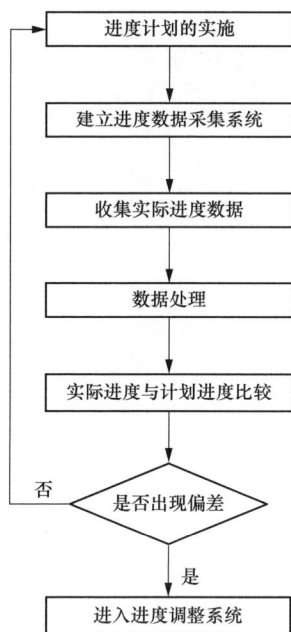

图 4-13　建设项目进度计划
检查系统过程图

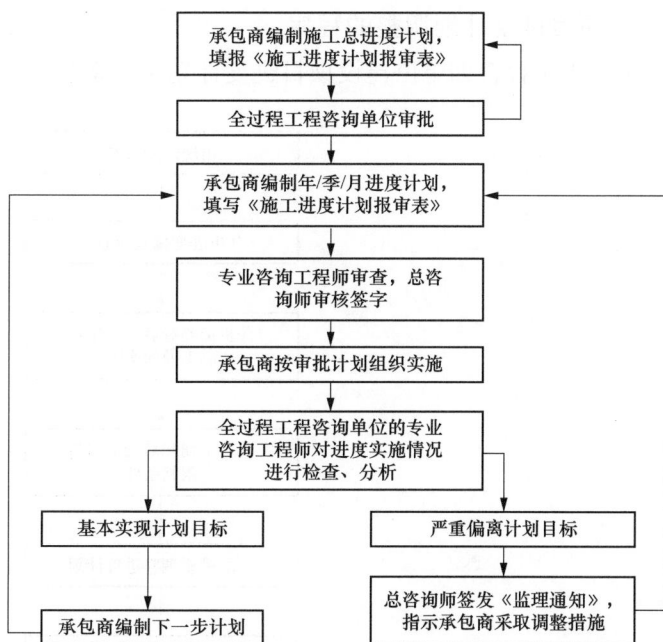

图 4-14　项目实施阶段进度控制程序图

5. 注意事项

（1）专业咨询工程师审查阶段性施工进度计划时，应注重阶段性施工进度计划与总进度计划目标的一致性。

（2）注意将关键线路上的各项活动过程和主要影响因素作为项目进度控制的重点。

（3）注意对项目进度有影响的相关方的活动，进行跟踪协调。

6. 实施阶段项目进度计划的调整

全过程工程咨询单位对项目进度调整的方法主要如下：

（1）缩短某些工作的持续时间。

（2）改变某些工作之间的逻辑关系。当工程项目实施中产生的进度偏差影响到总工期，且有关工作的逻辑关系允许改变时，可以改变关键线路和超过计划工期的非关键线路上有关工作之间的逻辑关系，达到缩短工期的目的。

（3）资源供应的调整。对于因资源供应发生异常而引起的进度计划执行问题，应采用资源优化方法对计划进行调整，或采取应急措施，对工期影响最小。

（4）增减施工内容。增减施工内容应做到不打乱原计划逻辑关系，只对局部逻辑关系进行调整，在增减施工内容后，应重新计算时间参数，分析对原网络计划的影响。

（5）增减工程量。增减工程量主要是指改变施工方案、施工方法，从而导致工程量的增加或减少。

7. 项目进度计划调整的程序

全过程工程咨询单位建设项目进度计划调整系统过程图如图 4-15 所示。

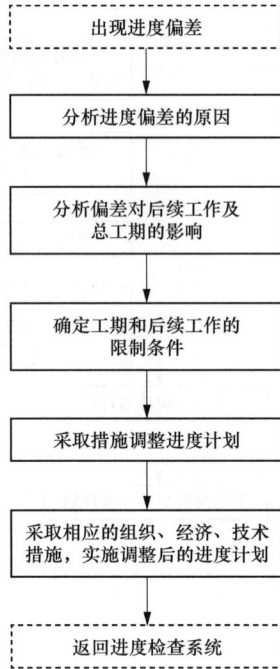

图 4-15　建设项目进度计划调整系统过程图

4.7　项目实施阶段成本控制

建设工程的成本控制就是通过采取有效的措施，依据项目施工合同以及其他相关文件，在满足工程进度和质量要求的前提下，力求使工程实际成本不超过预定造价的目标。

1. 资金使用计划

（1）对比与设计阶段编制的项目资金使用计划是否存在较大偏差，如存在较大偏差，则应分析原因并向投资人提出相关建议。

（2）资金使用计划应根据项目实施计划编制，并结合已签署的施工合同适时调整更新。对尚未签署的施工合同可参照项目概算或目标成本编制。

（3）当期项目资金使用计划中，对于可相对准确预期的近期资金流可采用较短的计算周期为单位；对于中长期的资金流可以适当增加的计算周期为单位。

（4）对于经批准的概算或目标成本占比较大的施工合同，当合同金额与目标成本发生较大偏差时，应实时调整资金使用计划。

2. 工程计量与工程款

在进行工程计量与进度款支付审核时，应重点从工程计量和进度款支付申请进行控制。在施工过程中，工程计量与进度款支付是控制工程投资的重要环节。全过程工程咨询单位应按照工程进度款审签程序进行审核，工程进度款审签流程图如图 4-16所示。

3. 工程变更、工程索赔和工程签证

全过程工程咨询单位的专业咨询工程师应在工程变更和工程签证确认前，对其可能引起的费用变化提出建议，并根据施工合同的约定对有效的工程变更和工程签证进行审核，计算工程变更和工程签证引起的造价变化，并计入当期工程造价。

工程变更对工程项目建设产生极大影响，全过程工程咨询单位应从工程变更的提出到工程变更的完成，再到支付施工承包人工程价款，对整个过程的工程变更进行管理。工程变更管理程序如图 4-17 所示。

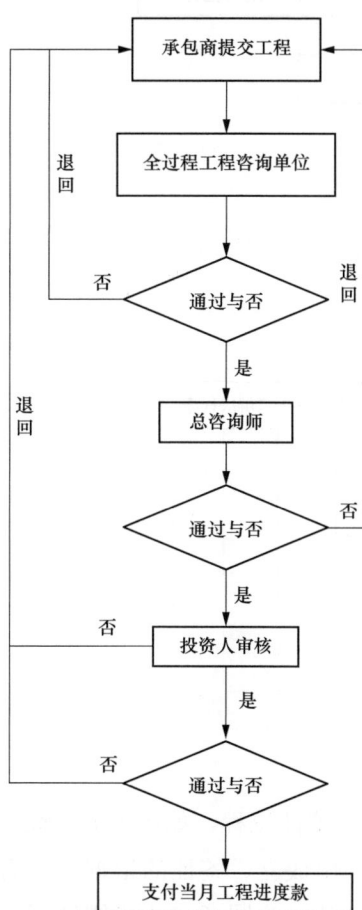

图 4-16　工程进度款审签流程图　　　　图 4-17　工程变更管理程序

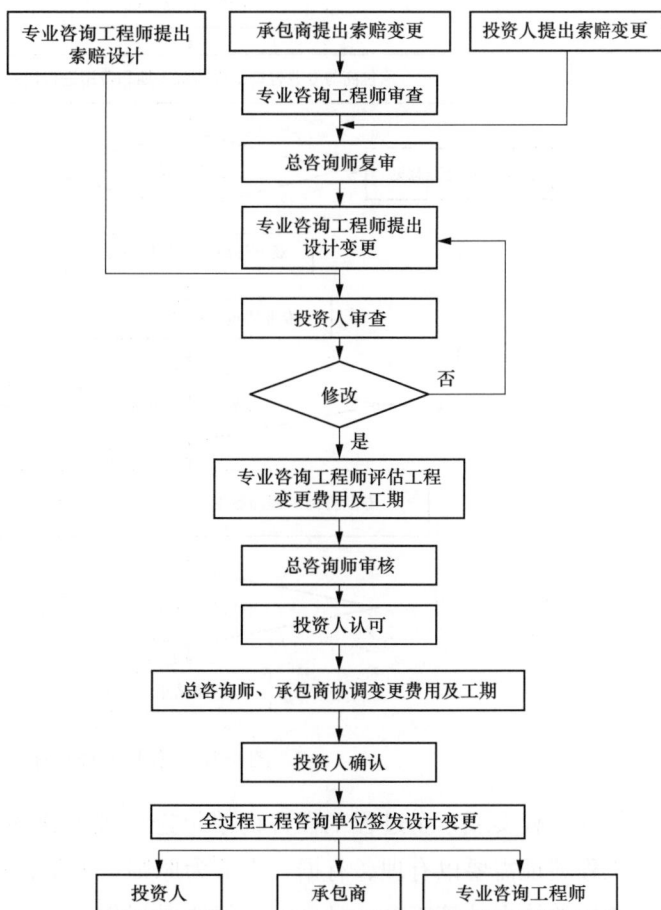

当全过程工程咨询单位未能按合同约定履行自己的各项义务或工作失误，以及应由全过程工程咨询单位承担责任的其他情况，造成承包人工期延误和经济损失，按国家有关规定和施工合同的要求，承包人可按程序向全过程工程咨询单位进行索赔，其索赔处理程序如图 4-18 所示。

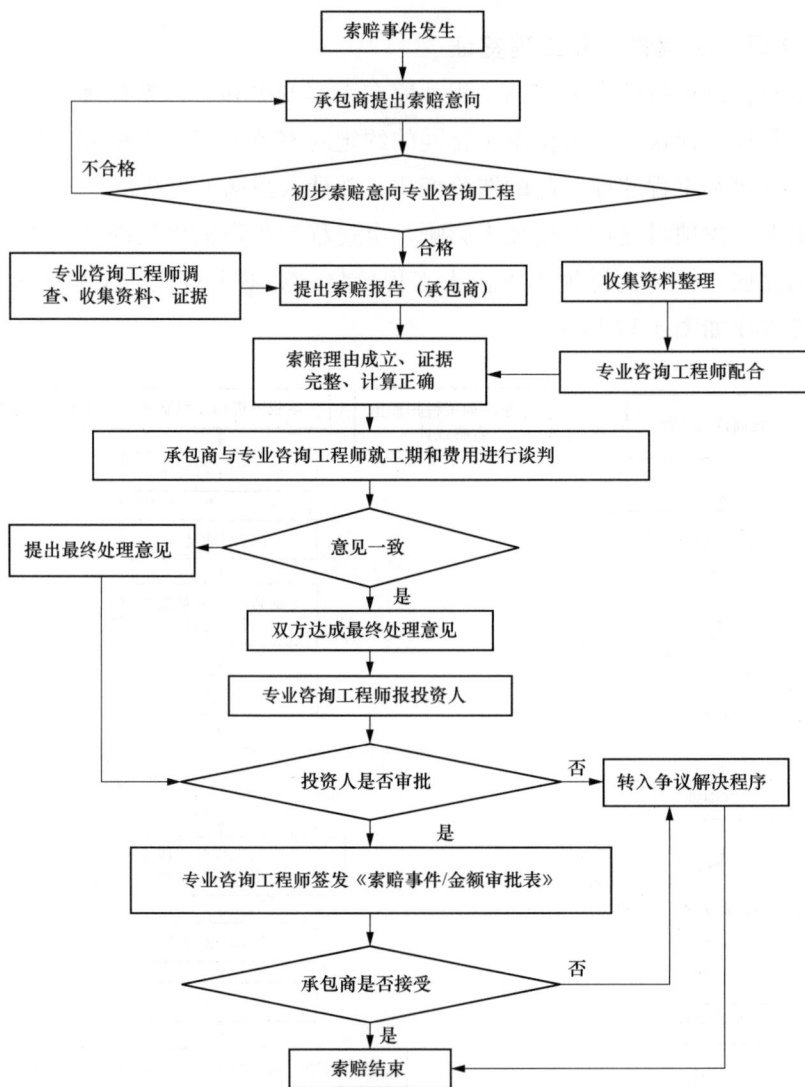

图 4-18　索赔处理程序

结合工程实践，全过程工程咨询单位进行规范化的工程签证流程，如图 4-19 所示，现场工程签证需要以有理、有据、有节为原则，即签证的理由成立、签证的依据完整有效、签证的依据计算正确，且每一步都要得到各行为主体的认可和同意，才能继续下一个流程的运行。

4. 合同期中结算

全过程工程咨询单位的专业咨询工程师对于工程实施阶段期中结算审核，应包括工程预付款和工程进度款支付的结算审核，以及单项工程、单位工程或规模较大的分部工程或标段工程完成后的结算审核。

全过程工程咨询单位的专业咨询工程师对于工程实施阶段期中结算审核，应遵循合同约定并按国家和行业现行相关标准规范执行。

经投资人、承包人签署认可的期中结算成果，应作为终止结算或竣工结算编制与审核的组成部分，无须再对该部分工程内容进行计量计价，但对于已完工程部分有变更或返修的除外。

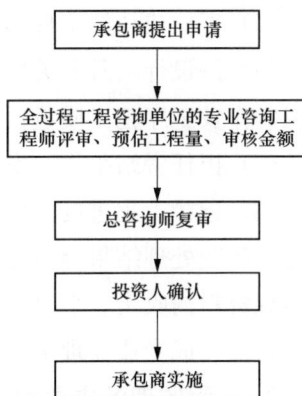

图 4-19　建设项目工程现场签证流程

4.8　项目实施阶段工程监理职能

1. 工程监理的概念

监理的定义：监理单位受建设单位的委托，根据法律法规、建设工程相关标准、勘察设计文件、建设工程监理合同及与建设工程相关的其他合同，在施工阶段对建设工程的质量、进度、成本进行控制，对合同、信息进行管理，对施工单位的安全生产管理实施监督。

依据《建筑法》规定，建设工程监理是一项国家强制推行的制度。工程监理实行总监理工程师负责制，监理人员应公平、独立、科学地开展建设工程监理工作，维护建设单位的合法权益，不损害其他有关单位的合法权益。在监理工作范围内，建设单位与施工单位之间与建设工程合同有关的联系活动应通过监理单位进行。

2. 工程监理的工作内容

（1）认真学习和贯彻有关建设监理的政策、法规以及国家和省、市有关工程建设的法律、法规、政策、标准和规范，在工作中做到以理服人。

（2）熟悉所监理项目的合同条款、规范、设计图纸，在专业监理工程师的领导下，有效开展现场监理工作，及时处理施工过程中出现的问题。

（3）认真学习设计图纸及设计文件，正确理解设计意图，严格按照监理程序、监理依据，在专业监理工程师的指导、授权下进行检查、验收；掌握工程全面进展的信息，及时报告专业监理工程师（或总监理工程师）。

（4）检查承包单位投入工程项目的人力、材料、主要设备及其使用、运行状况，并做好检查记录；督促、检查施工单位安全措施的投入。

（5）复核或从施工现场直接获取工程计量的有关数据并签署原始凭证。

（6）按设计图及有关标准，对承包单位的工艺过程或施工工序进行检查和记录，对加工制作及工序施工质量检查结果进行记录。

（7）担任旁站工作，发现问题及时指出并向专业监理工程师报告。

（8）记录工程进度、质量检测、施工安全、合同纠纷、施工干扰、监管部门和业主意见、问题处理结果等情况，做好监理日记和有关的监理记录；协助专业监理工程师进行监理资料的收集、汇总及整理，并交内业人员统一归档。

（9）完成专业监理工程师（或总监理工程师）交办的其他任务。

3. 工程监理的主要职责

（1）计划管理方面。

1）审批施工单位在开工之前提交的总施工进度计划、现金流动计划和总说明，以及在施工阶段提交的各种详细计划和变更计划。

2）审批施工单位根据总施工进度计划编制的年度计划。

3）在施工过程中检查和监督计划的实施。当工程未能按计划进行时，可以要求施工单位调整或修改计划，并通知施工单位采取必要的措施加快施工进度；以使实际施工进度符合施工合同的要求。

4）定期向建设单位报告工程进度情况。当施工进度可能导致合同工期严重延误时，有责任提出终止执行施工合同的详细报告，供建设单位采取措施或做出决定。

（2）质量控制方面。

1）向施工单位书面提供原始基准点、基准线和基准标高等资料，进行现场交验并验收施工放样。

2）在开工前和施工过程中，检查用于工程的材料、设备，对于不符合合同要求的，有权拒绝使用。

3）签发各项工程的开工通知书，必要时通知施工单位暂时停止整个工程或任何部分工程的施工。

4）对施工单位的检验测试工作进行全面监督；有权利用施工单位或自备的测试设备，对工程质量进行检验，采取数字控制。

5）按施工程序跟班检查，对每道工序、每个部位进行质量检查和现场监督，对质量符合施工合同规定的部分和全部工程予以签认；对不符合质量要求的工程，有权要求施工单位返工或采取其他补救措施，以达到合同规定的技术要求。

6）检查施工方法，审查试验路段施工方案和工艺，批准特殊技术处理措施和特殊操作工艺。

7）审核竣工的部分永久工程或竣工的全部工程的交工验收申请报告，向建设单位转报并提交相关报告；参加建设单位或其上级主管部门主持的交、竣工验收工作。

（3）工程监理在计量与支付方面。

1）按施工合同的规定，现场计量核实合同工程量清单所规定的任何已完工程的数量和价值。

2）按合同规定和建设单位授权，审查、签发期中支付证书及合同终止后任何款项的支付证书。对不符合技术规范和合同文件要求的工程项目和施工活动，有权暂拒支付，直至上述项目和活动达到要求。

3）除非施工合同文件另有规定，对合同执行期间，由于国家或省颁布的法律、法令、法规等致使工程费用发生的价格涨落而引起的工程费用的变化，工程监理在与建设单位和施工单位协商后，经计算合理确定新的合同价格或调整幅度予以支付。

（4）工程监理在合同管理方面。

1）主持开工前的第一次工地会议和施工阶段的常规工地会议，并签发会议纪要；有权参加施工单位为实施合同组织的有关会议。

2）根据工程实际情况，有权按合同文件规定的变更范围，确定变更工程的单价和价格，并下达变更令。对施工合同中规定的较大变更，由监理审查后报建设单位核批。

3）对施工单位提出的竣工期的延长或费用索赔，有责任就其申述的理由，查清全部情况，并根据合同条款审定延长的工期或索赔的款额，经建设单位批准后发出通知。

4）认真审查施工单位任何分包人的资格和分包工程的类型、数量，提出建议报建设单位核准。

5）监督施工单位主要技术、管理人员的构成、数量与合同所列名单是否相符。

6）对施工单位进场的主要机械设备的数量、规格、性能按合同要求进行监督、检查。由于机械设备的原因影响工程的工期、质量的，监理工程师有权提出更换或停止支付费用。

7）督促建设单位及时妥善完成合同规定的责任事项和法定承诺。

4.9　项目实施阶段管控重难点

1. 工程项目投资管控重难点

工程项目进入实施以后，尽管是按照投资的策划开展各项投资控制的工作的，但由于工程项目建设的特点，项目在建设实施过程中必然会受到各种不利的以及难以预料因素的干扰，从而使投资的实际发生值和计划值发生偏离，因此必须进行控制管理。这是由于工程项目投资策划人员自身的知识和经验有限，特别是在工程项目实施过程中，项目的内部条件和客观环境等都会发生变化，如工程范围的变化、项目资金的限制、未曾预想的恶劣天气的出现、政策法规的调整和物价大幅度波动等，使得工程项目不会自动地在策划的计划轨道上运行。因此，工程项目投资管理成功与否，很大程度上取决于投资策划的科学性和投资控制的有效性。又由于工程项目投资管理与其他项目目标管理存在不同的特性，因而投资控制的目标、手段、重点等有着自身的特点和规律。

工程项目建设及投资费用在其全寿命周期内有其独特的变化规律，这些规律决定了项目前期和设计阶段在项目全寿命周期中的重要地位。工程进入施工阶段开始施工以后，节约投资的可能性较小。从表面上看，工程项目投资费用主要是集中在施工阶段发生，而事实也确实如此，但施工阶段发生的费用是被动的，施工阶段所需要投入费用的大小通常都是由设计决定的。在工程项目实施之初，实际需要支出的费用很少，主要是一些前期的准备费用、支付给设计单位的设计费用和项目前期可能发生的工程咨询费用等。当工程项目进入施工阶段后，则需要真正的物质投入，大量的人力、物力和财力的消耗会导致工程实际费用支出的迅速增长，包括建筑安装工程费用、设备和材料的采购费用等工程费用均是在施工阶段发生的。也正因为如此，在工程实践中往往容易造成或导致误解，认为投资控制主要就是进行施工阶段的控制，在设计阶段不花钱就不存在投资控制问题，只要控制住施工阶段的工程费用，整个建设工程项目的投资也就控制住了。而实际上，工程施工阶段需要发生的投资费用主要是由设计所决定的。

2. 工程项目进度控制重难点

（1）任务承接阶段的进度管理。承接任务阶段的主要工作内容包括投标、中标、签订合同。在此阶段，承包方对进度控制有相当的难度，通常只能响应标书对进度的要求，但也有一定的灵活性，可以在合同生效的条款上为承包方尽可能地争取工期。

（2）项目准备阶段的进度管理。签订合同后，承包商应全面展开项目的准备工作，收集项目的原始资料，了解项目的现场情况，调查项目当地的物资、技术、施工力量，研究和掌握项目的特点及项目实施的进度要求，摸清项目实施的客观条件，合理部署力量，从技术上、组织上、人力、物力等各方面为项目实施创造必要的条件。认真仔细地做好准备工作，对加快实施速度、保证项目质量与安全、合理使用材料、增加项目效益等方面起着重要的作用。

（3）设计阶段的进度管理。设计工作对项目的进度控制起着决定性的作用。本来它既可以算作项目准备阶段的工作，也可以算作招投标阶段的工作，在项目实施过程中能否加速进度，保证质量和节约成本，在很大程度上取决于设计工作的进度和设计质量的优劣。

（4）招标阶段的进度管理。招标工作是项目实施过程中重要的工作之一，在国内外都有相关的法律法规要求对项目进行招投标。目前在我国普遍采用经过评审的合理低价中标原则。经过评审的合理低价，包括对投标单位的资质、信誉、业绩、技术力量、人员配置、机具设备状况和财务状况等多方面的评价，不仅仅考虑价格因素，还要综合考虑进度快速、质量优良、最好有过良好合作关系的单位中标，这样可以为项目顺利、快捷地实施打下良好基础。

（5）施工阶段的进度管理。项目施工阶段，首先要做好施工组织，尤其是做好施工组织设计，对施工活动进行全面的计划安排。根据项目的特点，施工单位要首先编制施工组织总设计，然后根据批准后的施工组织总设计，编制单位工程施工组织设计。施工组织设计一般应明确施工方案、施工的技术组织措施、施工准备工作计划、施工平面布置、施工进度计划、施工生产要素供给计划，落实执行施工项目计划的责任人和组织方式。

3. 工程项目质量控制重难点

一般建设工程项目全生命周期质量控制主要分为六个方面，如图4-20所示。

（1）工程项目前期决策阶段的质量控制。项目前期决策阶段质量控制的好坏直接影响到项目在后期实施运营阶段的工程质量。在工程项目的建设前期阶段，质量控制应包括以下四个内容：

1）明确工程项目质量目标。

2）做好工程项目质量管理的全局规划。

3）建立工程项目质量控制系统网络。

4）制定工程项目质量控制总体措施。

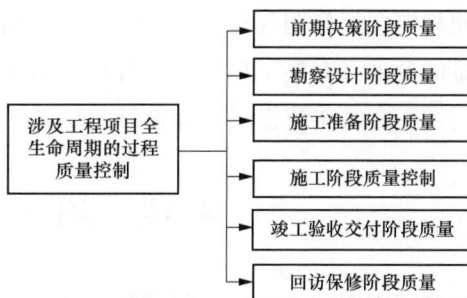

图4-20 项目全生命周期质量控制

（2）工程项目勘察设计阶段质量控制。

1）工程项目勘察阶段质量控制。工程勘察是一项技术性、专业性较强的工作，工程勘察质量控制的基本方法是按照质量控制的基本原理对工程勘察的质量影响因素进行检查和过程控制。

2）工程项目设计阶段质量控制。工程项目设计阶段的质量控制包括工程项目设计准备阶段、设计阶段的质量控制。通常，工程项目采用初步设计、技术设计和施工图设计的三阶段设计。因此，设计阶段的质量控制分三阶段质量控制流程，包括初步设计阶段项目质量控制工作流程、技术设计阶段项目质量控制工作流程和施工图设计阶段项目质量控制工作流程。

（3）工程项目施工准备阶段质量控制。施工准备阶段质量控制内容与措施，包括图纸学习与会审、编制施工组织设计、组织技术交底、控制物资采购、严格选择分包单位五个部分。

（4）工程项目施工阶段质量控制。工程项目施工阶段质量控制工作主要包括材料、构件、制品和设备质量的检查，以及施工质量监督和中间验收等工作。具体来说，施工阶段质量控制主要包括以下六个方面：

1）严格进行材料、构配件试验和施工试验。

2）实施工序质量监控。

3）组织过程质量检验。

4）重视设计变更管理。

5）加强成品保护。

6）积累工程施工技术资料。

（5）工程项目竣工验收交付阶段质量控制。

1）坚持竣工标准。

2）做好竣工预检。

3）整理工程竣工验收资料。

（6）工程项目回访保修期质量控制。工程项目在竣工验收交付使用后，施工单位应按照规定在保修期限和保修范围内，主动对工程进行回访，听取建设单位或用户对工程质量的意见，对施工单位施工过程中的质量问题负责维修，如属于设计等原因造成的质量问题，在征得建设单位和设计单位认可后，协助修补。

4.10 项目实施阶段案例分析

某国内服装企业新建服装制造产业基地工程监理案例。

1. 项目概况

（1）工程名称：新建产业基地项目。

（2）建筑面积：总建筑面积 $163192m^2$，其中地上 $97762m^2$，地下 $65430m^2$。

（3）投资概算：6 亿元人民币。

（4）建筑结构：框架剪力墙结构。

（5）建筑高度：最高 60m。

（6）质量标准：上海市白玉兰奖。

（7）监理服务周期：2015 年 12 月底到 2017 年 10 月。

2. 监理方现场组织机构图（见图 4-21）

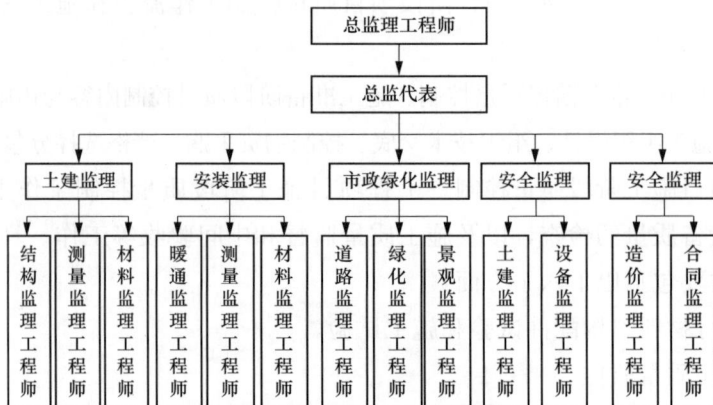

图 4-21 监理方现场组织机构图

3. 工程监理主要工作内容

（1）施工阶段监理服务。

1）协助业主和承包商编写开工报告，全面检查开工前各项准备工作，当工程完全具备开工条件时，报业主批准，由总监理工程师签发开工令。

2）协助业主组织设计交底和图纸会审，对图纸中存在的问题通过业主向设计人提出书面建议和意见。

3）协助业主审查和确认承包商选择的分包商。

4）审查和批准承包商的施工组织设计、重要施工技术方案、施工进度计划、施工质量保证体系和施工安全保证体系。

5）审核承包商向业主提供的材料、构配件和设备的规格、质量和数量，对不符合设计要求及国家质量标准的材料设备，报告业主通知承包商停止使用。

6）对工程进行全过程的监理，加强巡视和旁站监督，对不符合规范和质量标准的工序，分项、分部工程和不安全的施工作业，通知承包商停工整改或返工并报告业主。

7）组织分部、分项工程和隐蔽工程的检查验收。

8）协助业主、设计人、承包商及监理提出的工程变更，签订签认工程变更通知和工程变更费用报审表。

9）进行工程计量，签发工程款支付申请表、竣工结算文件，公正处理和有效控制工程现场签证。

10）定期召开工程例会，对每月的工程进度、质量和安全环卫情况通过监理月报向业主进行总结汇报，检查和解决工程中存在的问题和需要协调解决的问题。

11）监督承包商履行施工合同，协商承包合同条款的变更，调解合同双方的争议，处理索赔事项。

12）督促和检查承包商整理合同文件和技术档案资料，使之符合城建档案归档的要求。

13）督促承包商做好现场安全防护、消防、文明施工及卫生工作，并对现场有关问题向承包商提出书面意见。

（2）施工验收阶段监理服务。

1）组织工程竣工初步验收，审核和签署工程竣工申请报告。

2）参加业主组织的竣工验收，签署竣工验收文件和竣工移交证书。

3）记录未完成工作及需修改的事项，以保证承包商在认可的工期内完工。

4）检定及核对所有承包商交回的竣工图及资料。

5）协助业主与承包商完成工程总结算的有关工作。

6）协助业主整理完整的竣工验收补修清单。

（3）工程缺陷责任期监理服务。

1）记录未完工程或需修改的事项，设置专人检查承包商在保修书规定内容和范围内缺陷修复的质量，监督承包商完工。

2）对业主反映的工程缺陷原因及责任进行调查和确认，并协助进行处理。

3）协助业主按保修合同的规定结算保修抵押金，做好保修期监理工作的记录和总结。

4. 现场监理工作程序

（1）工程建设监理总程序，如图4-22所示。

（2）开工审核工作程序及实施要点，如图4-23所示。

图4-22　工程建设监理总程序

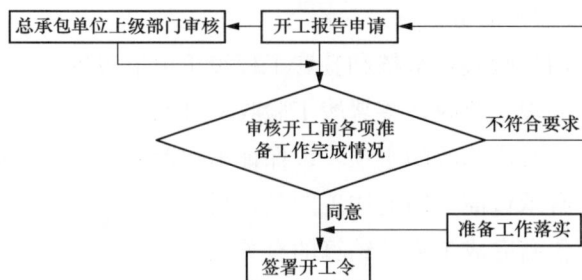

图4-23　开工审核工作程序及实施要点

（3）竣工验收程序，如图 4-24 所示。

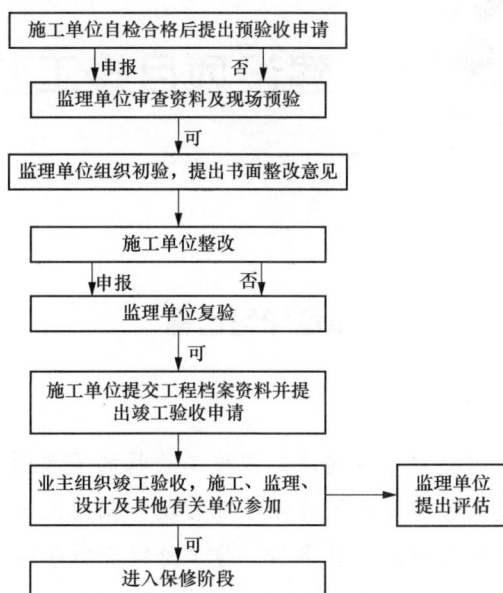

图 4-24　竣工验收程序

复习思考题

1. 项目实施阶段如何获得施工许可？

2. 项目实施阶段合同管理的要点有哪些？

3. 项目实施阶段质量控制、进度控制、成本控制分别需要注意什么？

4. 项目实施阶段工程监理有哪些职能？

5. 实施阶段的管控重难点包括哪些？

第 5 章

建设项目竣工阶段咨询管理

本章学习目标

　　通过本章的学习，可以初步掌握建设工程竣工验收的重要性、竣工结算审核、工程决算、竣工资料管理、竣工移交以及项目保修期管理等相关内容。

　　重点掌握：项目竣工阶段竣工结算审核、竣工阶段资料管理。

　　一般掌握：项目竣工阶段保修期管理。

本章学习导航

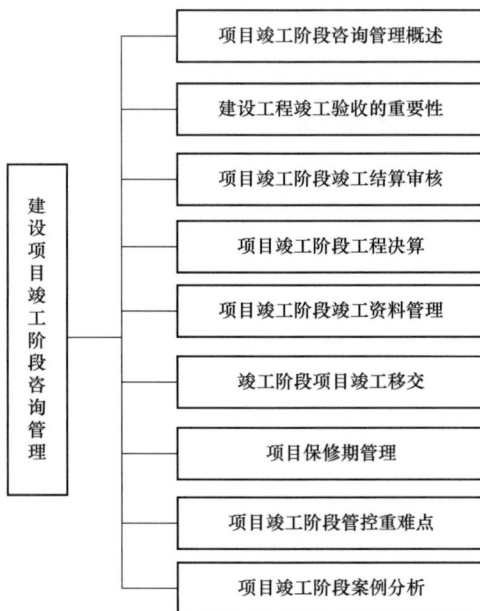

```
                                        ┌─────────────────────────┐
                                        │   项目竣工阶段咨询管理概述   │
                                        └─────────────────────────┘
                                        ┌─────────────────────────┐
                                        │   建设工程竣工验收的重要性   │
                                        └─────────────────────────┘
                                        ┌─────────────────────────┐
                                        │   项目竣工阶段竣工结算审核   │
                                        └─────────────────────────┘
              ┌──────┐                  ┌─────────────────────────┐
              │ 建    │                  │   项目竣工阶段工程决算      │
              │ 设    │                  └─────────────────────────┘
              │ 项    │                  ┌─────────────────────────┐
              │ 目    │                  │   项目竣工阶段竣工资料管理   │
              │ 竣    │                  └─────────────────────────┘
              │ 工    │                  ┌─────────────────────────┐
              │ 阶    │                  │   竣工阶段项目竣工移交      │
              │ 段    │                  └─────────────────────────┘
              │ 咨    │                  ┌─────────────────────────┐
              │ 询    │                  │   项目保修期管理           │
              │ 管    │                  └─────────────────────────┘
              │ 理    │                  ┌─────────────────────────┐
              └──────┘                  │   项目竣工阶段管控重难点    │
                                        └─────────────────────────┘
                                        ┌─────────────────────────┐
                                        │   项目竣工阶段案例分析      │
                                        └─────────────────────────┘
```

5.1　项目竣工阶段咨询管理概述

全过程工程咨询单位在本阶段主要以工程资料整理、竣工验收、竣工结算为主。一方面需要整理和收集从决策、设计、发承包、实施等阶段中形成的过程文件、图纸、批复等资料，同时，协助投资人完成竣工验收、结算、移交等工作；另一方面，把经过检验合格的建设项目及工程资料完整移交给运营人进入运营阶段。

竣工阶段完成后，项目建设过程基本结束，各方集合对项目组织竣工验收并收集竣工资料。全过程工程咨询单位以此为基础进行项目结算或项目决算审核。竣工验收合格后，项目进入保修期，在全过程咨询机构的监管协调下进行项目移交工作。

依据 GB/T 50326—2017《建设工程项目管理规范》，项目竣工管理包括竣工验收收尾、竣工验收、竣工结算、竣工决算、回访保修及管理考核评价等。在此基础上，建设项目竣工管理的内容概括为竣工验收、竣工结算、竣工资料管理、竣工移交、竣工决算、保修期管理。建设项目施工管理的工作内容如图 5-1 所示。

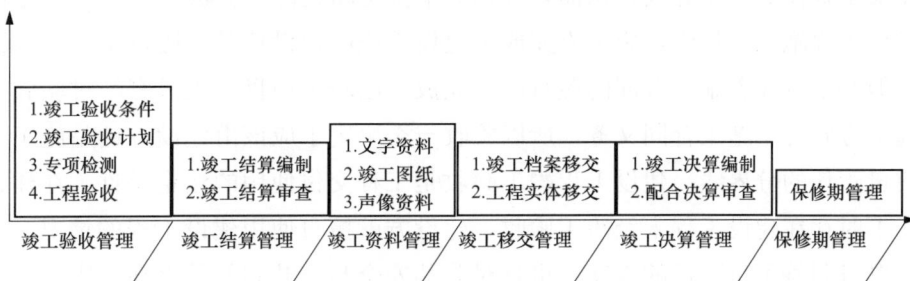

图 5-1　建设项目施工管理的工作内容

5.2　建设工程竣工验收的重要性

1. 建设工程必须竣工验收的相关法律规定

《中华人民共和国建筑法》第六十一条："交付竣工验收的建筑工程，必须符合规定的建筑工程质量标准，有完整的工程技术经济资料和经签署的工程保修书，并具备国家规定的其他竣工条件。建设工程竣工验收合格后，方可交付使用；未经验收或者验收不合格的，不得交付使用。"《建设工程质量管理条例》第十六条："建设单位收到建设工程竣工报告后，应当组织设计、施工、工程监理等有关单位进行竣工验收，建设工程经验收合格的，方可交付使用。"竣工验收之所以是一项法定义务，是因为建设工程质量关系到公共利益和公共安全，国家基于对建设工程质量安全因素的考虑，从而实行了建设工程竣工验收这一强制性义务规范及其制度设计。建设工程竣工验收主体各方应该依照相关法律、法规的规定自觉并严格履行建设工程竣工验收活动中各自的义务责任。施工单位在工程竣工后，应该及时提交竣工验收报告并积极配合验收工作；建设单位应该依法及时组织相关业务单位进行竣工验收；勘察、设计、监理单位要依法严格签署相应的建设工程质量文件。建设工程质量监督机构对建设工程竣工验收活动要严格履行行政监督责任。

2. 建设工程竣工验收是安全责任和质量责任的法律界线

建设工程竣工验收是安全责任、质量责任的法律界线。建设工程施工过程中带有非常大的安全风险责任，稍有不慎就会酿成悲剧，甚至造成破坏社会稳定的不良影响，轻则给建设单位和施工单位带来经济风险，施工单位会被行政处分，降低企业资质，重则给相关人员带来刑事责任，甚至政府相关领导因为重大责任安全事故而被停职、开除公职等。区分不同阶段的安全法律责任，最简单的是建设工程竣工验收这一法律界线。即建设工程经过竣工验收之后，施工项目的安全责任就从施工单位转移到了建设单位，建设单位交付之后，又转移给了最终的使用者或所有者。所以，建设工程竣工验收是划分不同主体安全责任的法律界线，从而督促相关单位主动履行安全职责，减少安全事故。

在建设工程施工过程中，施工方完成了建设工程的建设任务，履行了施工合同的主要义务，但并不意味着施工合同的履行已经完成，已竣工项目工程只有经过验收合格才意味着施工方履行了施工合同义务，所以验收与否决定了应该由建设方还是施工方来承担工程质量责任的分界线。建设工程竣工验收是工程交付使用的法定条件，在建设工程实务中，不时存在建设工程未经竣工验收，建设方就擅自使用建设工程的情况。这既是建设方对自身利益不负责任的表现，也是对公共安全与公共利益的潜在危害。但一经使用就很难分清质量责任，这种情况下建设工程出现质量问题的责任由建设方自行承担，因为法律明确规定建设工程竣工验收合格后方可交付使用；未经验收或者验收不合格的，不得交付使用。建设工程竣工验收是强制性规定。当然，承担责任仅仅限于其使用部分，对于已经处于建设方的控制之下，而未擅自使用的部分出现质量问题不承担责任。对于在建设工程的合理使用寿命内，地基基础工程和主体结构所产生的质量问题，应由施工方承担责任。

3. 建设工程竣工验收是竣工结算的前提条件

由于建设工程竣工验收是竣工结算的前提条件，竣工结算是否顺利对施工方非常重要。因此，施工方需要按照施工合同约定的时间，及时提交建设工程竣工验收报告，并积极配合建设方组织的竣工验收活动。只有及时进行竣工验收，才能及时进行竣工决算。在建设工程实务中，经常存在施工方一方面要求建设方进行竣工结算，另一方面又不积极配合建设方进行竣工验收的情况。依据《建筑工程施工发包与承包计价管理办法》第十六条，工程经竣工验收合格后，方可进行竣工结算。依据最高人民法院《关于审理建设工程施工合同纠纷案件适用法律问题的解释》第三条：建设工程竣工验收不合格的，承包人请求支付工程价款的，不予支持。这些法律规定表明，竣工验收是竣工结算的前提条件。对此，施工方应当有正确的认识，采取正确的行动。在工作实践中的处理经验如下：

（1）施工方在建设工程竣工验收、竣工结算、竣工交付的程序中要在签订施工合同时和建设方书面约定。

（2）建设工程竣工验收合格后，施工方要及时向建设方提交单方完整的结算报告书，进入竣工结算程序，而不是马上向建设方交付工程。

（3）施工方的单方结算报告书要交给建设方的有权代表签收，如果施工方的单方结算报告书交给建设方后 28 天内建设方不予答复的，建设方构成违约，视为默示同意施工方的结算报告。

（4）如果双方形成一致结算工程款金额结论后，施工方有权要求建设方按照约定支付除质量保证金以外的所有工程款项，建设方不付工程款，施工方可以不交付工程。

（5）在施工合同中只约定建设工程竣工日期，不约定交付工程时间。

以上几点办法，可以在一定程度上遏制建设方故意拖延不结算。

5.3 项目竣工阶段竣工结算审核

1. 结算编制内容

（1）根据工程施工图或竣工图以及施工组织设计进行现场踏勘，并做好书面或影像记录。

（2）按招标文件、施工合同约定方式和相应工程量计算规则计算分部分项建设项目、措施项目或其他项目工程量。

（3）按招标文件、施工合同规定的计价原则和计价办法对分部分项建设项目、措施项目或其他项目进行计价。

（4）对于工程量清单或定额缺项以及采用新材料、新设备、新工艺的，应根据施工过程中的合理消耗和市场价格，编制综合单价或单位估价分析表。

（5）工程索赔应按合同约定的索赔处理原则、程序和计算方法提出索赔费用。

（6）汇总计算工程费用，包括编制分部分项工程费、措施项目费、其他项目费、规费和税金，初步确定工程结算价格。

（7）编制编写说明。

（8）计算和分析主要技术经济指标。

（9）工程结算编制人编制工程结算的初步成果文件。

2. 结算编制程序

建设项目竣工结算应按准备、编制和定稿三个阶段进行，并实行编制人、校对人和审核人分别署名盖章确认的内部审核制度。建设项目竣工结算编制流程如图 5-2 所示。

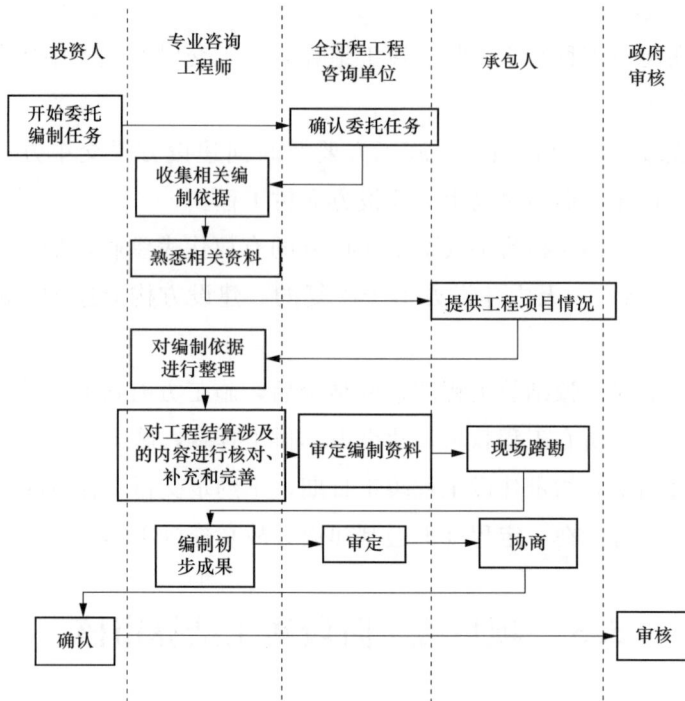

图 5-2　建设项目竣工结算编制流程图

3. 结算审核内容

（1）工程结算审查准备。

审查工程结算书的完整性、资料内容的完整性，对不符合要求的应退回，限时补正
审查计价依据及资料与工程结算的相关性、有效性
熟悉施工合同、招标文件、投标文件、主要材料设备采购合同及相关文件
熟悉竣工图纸或施工图纸、施工组织设计、工程概况，以及设计变更、工程洽商和工程索赔情况
掌握工程量清单计价规范、工程预算定额等与工程相关的国家和当地建设行政主管部门发布的工程计价依据及相关规定

（2）工程结算审查。

审查工程结算的项目范围、内容与合同约定的项目范围、内容的一致性
审查分部分项建设项目、措施项目或其他项目工程量计算准确性、工程量计算规则与计价规范保持一致性
审查分部分项综合单价、措施项目或其他项目时，应严格执行合同约定或现行的计价原则、方法
对于工程量清单或定额缺项、错项以及新材料、新工艺，应根据施工过程中的合理消耗和市场价格，审核结算综合单价或单位估价分析表
审查变更签证凭证的真实性、有效性，核准变更过程费用的增减
审查索赔是否依据合同约定的索赔处理原则、程序和计算方法，以及索赔费用的真实性、合法性、准确性

续表

审查分部分项工程费、措施项目费、其他项目费或定额直接费、措施费、规费、企业管理费、利润和税金等结算价格时，应严格执行合同约定或相关费用计取标准及有关规定，并审查费用计取依据的时效性、相符性
提交工程结算审查初步成果文件，包括编制与工程结算相对应的工程结算审查对比表，待校对、复核

（3）工程结算审定。

工程结算审查初稿编制完成后，应召开由工程结算编制人、工程结算审查委托人及工程结算审查人共同参加的会议，听取意见，并进行合理调整
由工程结算审查人的部门负责人对工程结算审查的初步成果文件进行检查校对
由工程结算审查人的审定人审核批准
发承包双方代表人或其授权委托人和工程结算审查单位的法定代表人，应分别在"工程结算审定签署表"上签认并加盖公章
对工程结算审查结论有分歧的，应在出具工程结算审查报告前至少组织两次协调会；凡不能共同签认的，审查人可适时结束审查工作，并作出必要说明
在合同约定的期限内，向委托人提交经工程结算审查编制人、校对人、审核人签署执业或从业印章，以及工程结算审查人单位盖章确认的正式工程结算审查报告

4. 结算审核程序

竣工结算审核工作应依据 CECA/GC 3—2010《建设项目工程结算编审规程》，主要包括准备、审查和审定三个工作阶段进行，如图 5-3 所示。

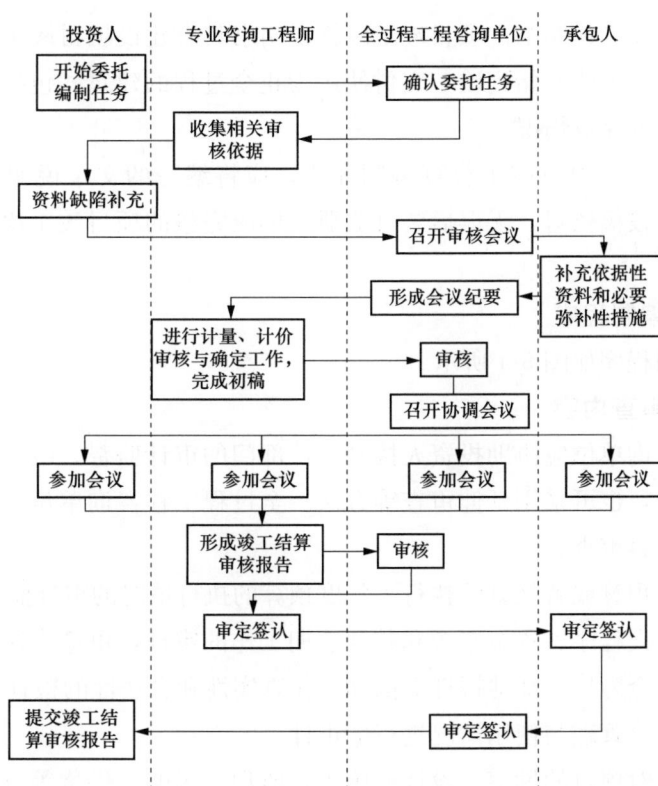

图 5-3 结算审核流程图

5.4 项目竣工阶段工程决算

1. 竣工决算编制内容

（1）收集、整理有关项目竣工决算依据。在项目竣工决算编制之前，应认真收集、整理各种有关的项目竣工决算依据，做好各项基础工作，保证项目竣工决算编制的完整性。项目竣工决算的编制依据是各种研究报告、投资估算、设计文件、设计概算、批复文件、变更记录、招标标底、投标报价、工程合同、工程结算、调价文件、基建计划和竣工档案等各种工程文件资料。

（2）清理项目账务、债务和结算物资。项目账务、债务和结算物资的清理核对是保证项目竣工决算编制工作准确有效的重要环节。要认真核实项目交付使用资产的成本，做好各种账务、债务和结余物资的清理工作，做到及时清偿、及时回收。清理的具体工作做到逐项清点、核实账目、整理汇总和妥善管理。

（3）填写项目竣工决算报告。项目竣工决算报告的内容是项目建筑成果的综合反映。项目竣工决算报告中各种财务决算表格中的内容应依据编制资料进行计算和统计，并符合规定。

（4）编写竣工决算说明书。项目竣工决算说明书具有建设项目竣工决算系统性的特点，综合反映项目从筹建开始到竣工交付使用为止全过程的建筑，包括项目建筑成果和主要技术经济指标的完成情况。

（5）报上级审查。项目竣工决算编制完毕，应将编写的文字说明和填写的各种报表，经过反复认真校稿核对，无误后装订成册，形成完整的项目竣工决算文件报告，及时上报审批。

2. 竣工决算编制程序

竣工决算编制程序如图 5-4 所示。

3. 竣工决算审查内容

全过程工程咨询单位应协助投资人接受审计部门的审计监督。竣工决算审核一般应该采用全面审核法，也可采用延伸审查等方法。全过程工程咨询单位应协助投资人接受审计机关对以下内容审查：

（1）对项目总预算或者概算的执行、年度预算的执行情况的审计监督。

（2）对项目建设程序、资金来源和其他前期工作的审计，也应当接受审计机关对于建设程序、建设资金筹集、征地拆迁等前期工作真实性和合法性的检查。

（3）对建设资金管理与使用情况进行的审计。

（4）根据需要对项目的勘察、设计、施工、监理、采购、供货等方面招标投标和工程承发包情况的审计。

工作环节　　　　　　　　　　　　主要工作步骤

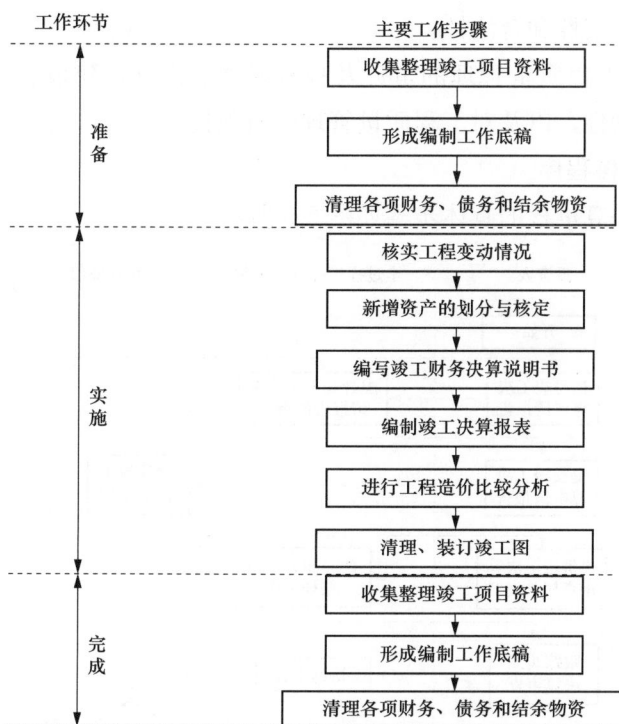

图 5-4　竣工决算编制程序

（5）根据需要对于项目有关合同订立、效力、履行、变更和转让、终止的真实性和合法性的审计。

（6）对于项目设备、材料的采购、保管、使用的真实性、合法性和有效性审计。

（7）对于项目概算执行情况及概算审批、执行、调整的真实性和合法性的审计。

（8）对于项目债权债务的真实性和合法性的审计。

（9）对于项目税费缴纳的真实性和合法性的审计。

（10）对于建设成本的真实性和合法性审计。

（11）对于项目基本建设收入、结余资金的审计，应当接受形成和分配的真实性和合法性的检查。

（12）对于工程结算和工程决算的审计，以及检查工程价款结算与实际完成投资的真实性、合法性及工程造价控制的有效性。

（13）对于项目的交付使用资产的审计。

（14）对于项目尾工工程的审计及检查未完工程投资的真实性和合法性。

（15）对于投资人会计报表的审计及检查年度会计报表、竣工决算报表的真实性和合法性。

（16）对于项目的勘察、设计、施工、监理、采购、供货等单位的审计，以及检查项目勘察、设计、施工、监理、采购、供货等单位与国家建设项目直接有关的收费和其他财务收支事项的真实性和合法性。

（17）对于项目工程质量管理的审计及检查勘察、设计、建设、施工和监理等单位资质的真实性和合法性，以及对工程质量管理的有效性。

4. 竣工决算审核程序

建设项目竣工决算审核的具体步骤如图 5-5 所示。

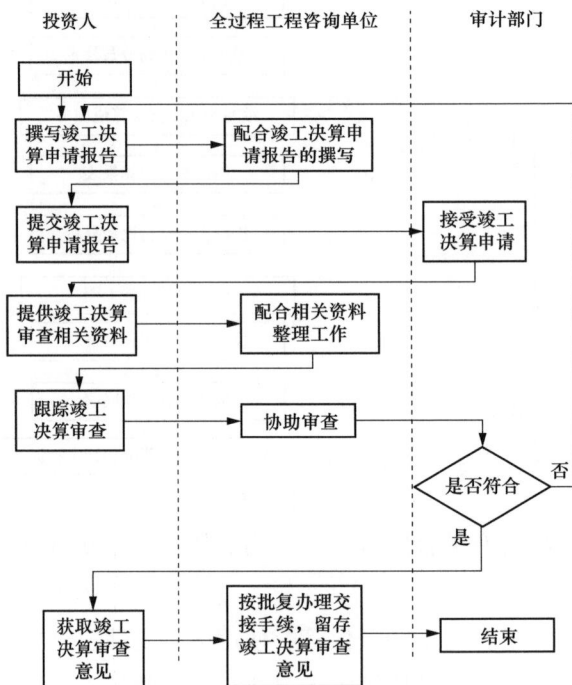

图 5-5　竣工决算审查程序图

5.5　项目竣工阶段竣工资料管理

1. 竣工资料管理概述

近年来，我国建筑事业在不断地发展，相应的工程施工企业的管理体制也在不断地完善，对工程竣工资料管理工作的要求也是越来越严格。竣工资料整理工作是一项系统工程，是涉及项目各个部门、机组的一项复合型工作，资料的收集、筛选、分类及整理是一项烦琐又需要耐心的工作，但往往得不到人们的重视，特别是在项目实施的前期更容易被忽视。建设项目的竣工资料管理工作非常重要，一切工程建设活动，无论其过程如何复杂，最终只能留下两个建设结果：一个是工程实体本身，另一个就是竣工资料。除建筑实体本身，竣工资料质量也是建设项目质量管理的重要组成部分。

2. 竣工资料归档的范围

对与工程建设有关的重要活动、记载工程建设主要过程和现状、具有保存价值的各种载体的文件，均应收集齐全，整理立卷后归档。归档资料可归纳为文字资料、竣工图及声像资料三种类型。

具体归档范围应包括：

（1）工程准备阶段文件：工程开工以前，在立项、审批、征地、勘察、设计、招投标等工程准备阶段形成的文件。

（2）监理文件：专业咨询工程师在工程设计、施工等监理过程中形成的文件。

（3）施工文件：承包人在工程施工过程中形成的文件。

（4）竣工图：建设项目竣工验收后，真实反映建设项目施工结果的图样。

（5）竣工验收文件：建设项目竣工验收活动中形成的文件。

3. 竣工资料的归档

（1）竣工资料归档时间。根据建设程序和工程特点，归档可以分阶段分期进行，也可以在单位或分部工程通过竣工验收后进行；勘察、设计单位应当在任务完成时，施工、监理部门应当在工程竣工验收前，将各自形成的有关工程档案向建设单位归档。

（2）工程档案一般不少于两套，一套由投资人保管，一套移交当地城建档案馆。

（3）勘察、设计、施工、监理等单位移交档案时，编制移交清单，双方签字、盖章后方可交接。

（4）凡设计、施工及监理部门需要向本单位归档的文件，应按国家有关规定和DA/T 28—2018《建设项目档案管理规范》的要求单独立卷归档。

4. 竣工资料的验收

（1）列入城建档案馆档案接受范围的工程，全过程工程咨询单位在组织工程竣工验收前，应提请城建档案管理机构对工程档案进行预验收。建设单位未取得城建档案管理机构出具的认可文件，不得组织工程竣工验收。

（2）城建档案管理部门在进行工程档案验收时，应重点验收以下内容：

1）工程档案齐全、系统、完整。

2）工程档案的内容真实、准确地反映工程建设活动和工程实际情况。

3）工程档案已整理立卷，立卷符合本规范的规定。

4）竣工图绘制方法、图式及规格等符合专业技术要求，图面整洁，盖有竣工图章。

5）文件的形成、来源符合实际，要求单位或个人签章的文件，其签章手续完备。

6）文件材质、幅面、书写、绘图、用墨、托裱等符合要求。

5. 程序

各单位应按全过程工程咨询单位对本项目工程竣工资料整理归档的相关规定及国家有关文件的规定进行整理，完成后施工单位内部初验，初验合格之后向监理部门递交验收申请，监理部门进行复验。复验合格后，由监理部门向全过程工程咨询单位提交竣工资料验收申请，投资人审核合格后做好向城建档案馆归档的相关准备工作。对验收不合格的竣工资料，由监理返还给编制单位重新完善和整理，直至所有资料满足整理及归档要求为止。

5.6　竣工阶段项目竣工移交

1. 项目竣工档案移交

竣工档案移交工作应参照 GB/T 50328—2014《建设工程文件归档规范》，具体实施过程如图 5-6 所示。

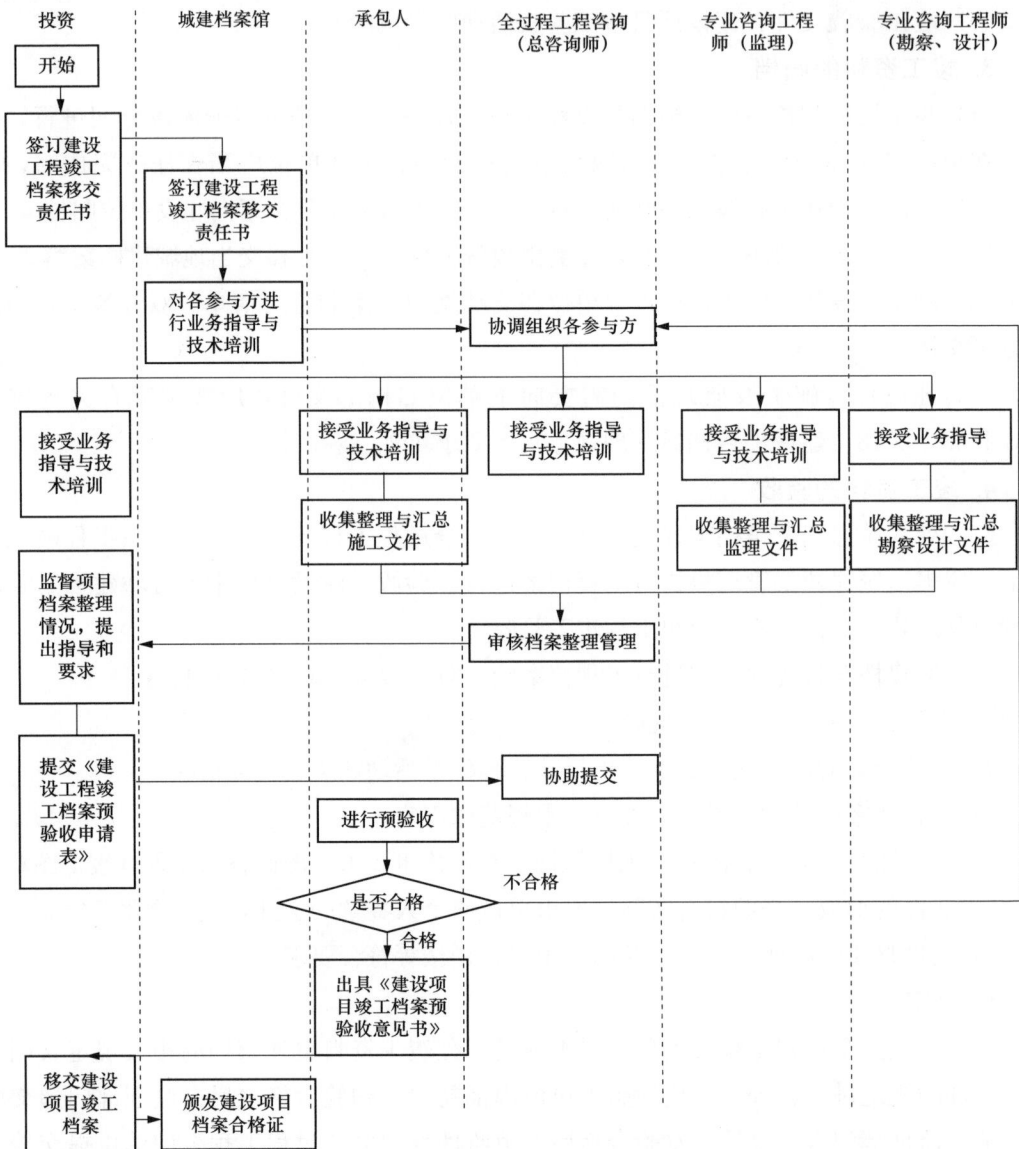

图 5-6　竣工档案移交流程图

2. 工程项目实体移交

在建设项目工程整改及工程竣工验收完毕后，应按照合同约定进行竣工移交。全过程工程咨询单位应协助投资人按合同的约定，组织工程竣工移交。

（1）组织承包人提交房屋竣工验收报告、公安机关消防机构出具的消防验收文件、质量技术监督部门出具的电梯验收文件等相关资料，文件齐全后应去当地建设行政管理部门办理竣工验收备案手续，取得竣工验收备案回执。

（2）在取得竣工验收备案回执及整改情况处理完毕后，承包人向投资人、全过程工程咨询单位及专业咨询工程师（监理）提出移交申请，全过程工程咨询单位应组织专业咨询工程师、投资人、产权人、运营人等相关单位的人员共同组成项目移交组，对项目进行初步验收，按照交验标准逐一查看，发现问题后要求承包人限期整改并跟踪处理结果。

（3）在将遗留问题处理完毕、各系统已具备使用的条件下，方可办理移交手续。

（4）在承包人将工程移交的同时，全过程工程咨询单位应协助投资人提前组织设备厂商、承包人完成项目使用及维护手册的编制，并完成对运营相关人员的培训。

（5）运营人需要对室内的电气、上下水、灯具、门窗、各设备系统操作等进行全面检查，发现问题后立即组织承包人进行整改；在各项整改工作完毕后，将室内的钥匙移交给运营人，钥匙移交过程中要进行签字记录，在运营人入伙期间，承包人可根据合同约定委派专业人员协助运营人熟悉及合理使用建筑物，对出现的问题需及时进行处理。

工程项目实体移交的程序具体如图 5-7 所示。

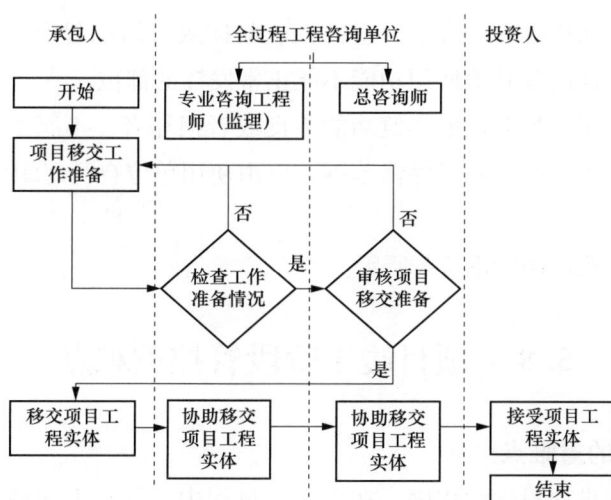

图 5-7　工程实体移交程序

5.7　项目保修期管理

1. 保修期管理概述

项目保修期是工程竣工之后，承包人对该竣工工程负责保修的期限。保修期的时间在承包合同中规定。保修期的起算日期从业主工程师发给工程竣工证书之日算起。

承包人在保修期中的任务是：

（1）完成在发给工程竣工证书时的遗留工作。

（2）完成工程在工程业主使用中、保修期内所发现的属于工程施工质量的问题，进行修理、修改、重建、校正和修复，使工程达到合同所要求的状态，移交给业主。

修理工作的费用，如果是属于施工时所用的材料或操作工艺不符合合同要求，或由于承包人在施工中忽略或未遵守合同规定义务，则有关费用由承包人承担。如果业主工程师认为进行必要的维修是属于其他原因（如工程业主在使用中的损坏），则其费用应核实后作为附加工作由工程业主支付。工程的保修期满，经工程业主最后验收合格，由业主工程师签发维修证书。此维修证书是工程的最后验收证明。

2. 工程质量保修范围

一般来说，凡是施工单位的责任或者由于施工质量不良造成的问题，都属于保修范围。保修的内容主要有以下几个方面：基础、主体结构、屋面、地下室、外墙、阳台、厕所、浴室、卫生间及厨房等处渗水、漏水；各种管道渗水、漏水、漏气；通风孔和烟道堵塞；水泥地面大面积起砂、裂缝、空鼓；墙面抹灰大面积起泡、空鼓、脱落；暖气局部不热，接口不严渗漏及其他使用功能不能正常发挥的部位。

凡是由于用户使用不当而造成建筑功能不良或者损坏者，不属于保修范围；凡从属于工业产品发生问题者，亦不属于保修范围，应由使用单位自行组织修理。

3. 程序

工程质保期管理程序图如图 5-8 所示。

5.8　项目竣工阶段管控重难点

1. 项目后评价的重难点

（1）准确把握建设项目建设程序。在后评价过程中，针对不同项目快速判断项目决策的依据和程序是否正确；决策阶段各项手续，如项目建议书、可研报告及批复办理流程和时间节点是否合规，相关手续是否齐全；各种开工报批手续是否齐全；实施过程的各项质量检验报检是否及时，资料是否齐全，检验是否合格；竣工验收组织是否及时合规；结算决算工作是否及时合规。通过对建设程序的深入把握，保证后评价工作对项目建设全过程进行系统深入地评价。

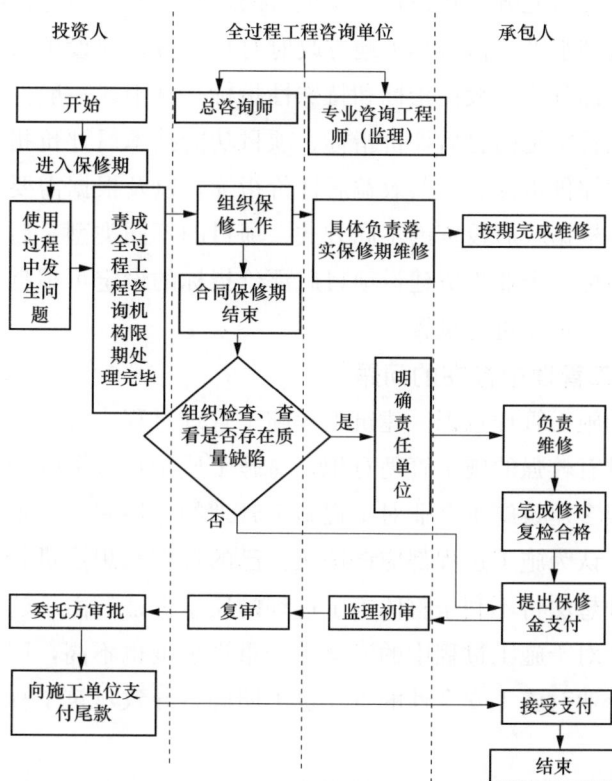

图 5-8　工程质保期管理程序图

（2）细致评价项目实施控制情况，如实反映存在的问题。通过项目后评价结果，如实反映项目单位自身存在的问题，如通过对招投标和合同管理、质量控制、进度控制、投资控制情况、资料归档整理情况，映射出项目单位的内部审批制度是否规范，决策程度是否科学，合同审批流程是否规范，项目组织管理体系是否齐全，质量管理体系、安全、进度、投资成本控制体系是否健全，档案管理是否到位。由于项目后评价工作实现了投资项目全过程的闭环管理，因此通过项目后评价的信息反馈作用，可进一步帮助提高项目单位的投资管理决策水平和投资效益，达到开展后评价工作的最终目的。通过项目后评价环节，项目单位应对上级部门审计时可提早查找问题，总结分析，措施整改提供参考依据；同时，引导项目单位建立一套规范的后评价工作管理制度，以便更好地完成今后的各项工作。

（3）项目效果的后评价中，对项目可持续能力应重点分析。项目效果后评价主要是对运行效果、社会效益、经济效益、环境效益及可持续性做综合评价，对项目可持续能力和发展前景做出分析和预测，为投资决策提供依据，是后评价工作的目标之一。例如，企业投资建设项目的可持续能力分析主要从内部、外部两方面进行。

（4）工程项目后评价指标体系的建立。工程项目后评价需采用定性和定量相结合的方法，定量指标的设计需充分反映投资建设项目的绩效水平，而定性指标的设计则需体现投资建设项目的管理水平。借鉴相关地方政府对政府投资建设项目后评价指标设定的规定，项目后评价指标分为一般性指标和特殊性指标。其中，一般性指标包括项目审批管理后评价指标、项目实施内容后评价指标、项目功能技术后评价指标、资金管理后评价指标、经济效益后评价指标、公共效益后评价指标，以及根据需要采用的其他后评价指标；特殊性指标需根据政府投资的不同方式、项目的不同类型、后评价的重点和管理要求，设置不同的指标。企业投资建设项目后评价指标的设定可根据自身决策需求、项目实施特点及绩效考核重点进行设置。

2. 建筑工程施工管理中存在的问题

（1）缺乏正确的施工管理意识。建筑工程施工管理过程中，不管大小，每一个施工环节都要求施工者具有较强的施工管理意识，对施工质量具有极强的责任心。但需要注意的是，事实上有很多建筑施工企业对工程施工管理的作用并没有清晰的认识，尤其是对于现场施工来说，认为施工过程都应该按照自己的规划和想法进行，相关管理制度只是在做无用功，这种想法将不利于整体施工过程的质量保证。由于建筑施工企业缺乏正确的施工管理意识，对于施工过程中的安全生产重视程度也不高，国家规定的安全标准形同虚设，而施工企业对施工安全性的责任也不明确，导致建筑工程施工安全生产受到极大的威胁。

（2）缺乏科学合理的管理模式。这是现阶段我国建筑工程施工管理过程当中普遍存在的问题之一。管理模式的科学确定对建筑工程施工管理的整体过程有着强烈的指导性作用，一旦在管理模式上过于陈旧和不合理，这将使得建筑工程施工企业在实际的施工管理中无法按照正确的指引进行实际的施工以及施工管理，导致施工问题频现，工期延迟。在社会主义市场经济高速发展的今天，建筑工程施工企业众多，竞争异常激烈，大多数的施工企业并没有掌握施工的主动权，项目承建人成为施工过程中的真正管理者。然而项目承建人对工程施工管理存在很多问题，如施工安全相关规定并没有彻底执行，导致管理制度与管理实际严重脱离。

（3）缺乏健全的施工监管体系。很多建筑工程施工企业缺乏健全的施工监管体系，一方面体现在施工企业对施工内外监管的不重视，导致施工过程中缺乏有效的监督和管理；另一方面体现在政府对施工企业的施工工作没有进行有力的监管，从而形成了施工企业无人可管的状态，以至于工程施工管理处于懈怠环境当中，有关施工监督、施工安全等都没有有效执行。所以理应建立健全的施工监管体系，由政府和企业自身共同努力，提高监管力度，深入执行，避免工程施工过程中出现的不合规问题。

3. 项目竣工阶段成本管理问题的解决对策

（1）工程进入了竣工收尾工作时，更应该注意成本控制，如不及时进行竣工验收，会使各种管理费用继续发生。所以，也需要一些方法来运用成本的管理：

1）施工项目接近尾声时，要及时统计竣工的机械设备以及剩余物资材料，同时，也尽快统计好收工人员名单，停工的工作人员马上结算清退，工程剩余的未结算项目，及时结清款项，谨防多余的成本费用发生。

2）收集、整理以及分析项目验收资料，确保其完整性和真实性，并及时提交给预算部门复核。

3）验收决算后，重新核算各部分工程，对比目标成本进行分析，总结经验以改善后期成本管理水平。

4）为了降低人力物力的消耗浪费，减少意外事故的发生，需制定出工程项目后续的保修工作和保修费用支出计划，要强化对工程项目实体的保护。因此，要对物资材料和人力资源劳动力采取严格的管理。

5）为提防项目资金被私自违规使用，要对项目资金进行严格谨慎的监督管理。需建立个人或单位对应支付工程款项时的相对应依据或合同。

（2）竣工结算阶段成本管理措施。

1）谨慎处理好竣工结算前的基础准备工作。结算审核的人员要对项目充分了解其基本状况，工程项目的全部施工过程以及结算内容，合同中相关的结算条款，与工程项目结算相关的竣工图纸、组织设计变更以及施工现场签证等资料，全面调查与工程结算相关的一切工作，才能制定出合理的结算审核计划，保证结算工作顺利有效的进行。

2）要熟悉项目施工现场的实际状况。对于一些比较复杂的工程，光凭纸质的资料不可能了解全面，为了准确无误地做好结算工作，从事结算工作的人员必须要亲身到施工场地，现场进行核对、测量、记录。

3）要保证项目结算标准准确执行。要及时组织全面考核，收集竣工项目资料，确保竣工结算的完整性，要安排专职人员对结算内容进行一一检查，核对是否有遗漏或失误，一经发现误差要及时纠正，以保结算工作顺利结束。

5.9　项目竣工阶段案例分析

1. 工程项目的质量验收内容

在工程项目的建设过程中，对工程项目的质量验收工作包括三方面，即政府的质量验收、施工单位的质量验收和社会监理单位的质量验收。政府对工程项目的质量验收，主要侧重于宏观的社会效益，贯穿于建设的全过程，其作用是强制性的，其目的是保证工程项目的建设符合社会公共利益，保证国家的有关法规、标准及规范地执行。政府对工程项目的质量验收，在决策阶段，主要是审批项目的建议书和可行性研究报告，以及项目的用地和场址的选择等；在设计阶段，主要是审核设计文件和图纸；在施工阶段，以进行不定期的质量检查为主，核定工程项目的质量等级，并参与工程项目的验收。目前，施工阶段政府质量验收的职能主要由质量监督机构来实施。施工单位对工程项目的质量验收是受工程承包合同制约的，施工单位必须按合同要求完成工程项目，提交建设单位所需要的工程产品。为此，施工单位在施工过程中要建立和健全质量保证体系，并使之行之有效，以保证产品的质量。虽然施工单位的职责行为已由承包合同所界定，但是也不能排除施工单位在追求自身利益的情况下，忽视了工程项目的质量。为了使工程项目能达到要求的质量标准和使用功能，在施工过程中建设单位还必须对工程项目的质量进行监督和检查。但由于现代工程的复杂性，建设单位依靠自身的力量往往无法对工程项目进行监督与管理，必须委托内行的专业监理机构，即社会监理机构，代表建设单位对工程项目的质量进行监督和验收。所以监理单位的任务就是对施工单位的工程质量进行监督认证，以满足建设单位所提出的质量要求，这对施工单位来说是具有制约性的。

由此可见，在工程项目实施过程中，政府的质量验收、施工单位的质量验收和社会监理的质量验收是相互关联的，但三者又均是不可缺少的。

2. 验收中分项、分部工程的划分

工程项目由于建设规模大，投入多，工期长，技术复杂，牵涉的内外关系（协作单位）多，所以工程项目的建设必须分阶段、分步骤逐步来完成。各阶段、各项工作必须顺序依次进行，相互之间的顺序关系不可违反，否则将会给工程项目的建设造成不必要的损失。为了方便工程的验收管理，根据工程特点，需要把工程划分为分项、分部和单位工程。

3. 消防验收

消防验收的工作主要分为工程验收和资料验收两大块。

（1）工程验收内容。

1）电。

验收条件：高压配、变电设备安装完工后，安装工程商配合开发商报装强电，强电到高压配电室；

低压配、变电设备安装完工后，物业公司配合开发商报装小区用电，或选择双回路或选择备用发电机房，报装通过即可报消防验收。

验收内容：

土建：高、低压配变电机房的相关标高、散热、电缆沟、排水沟及门窗（门窗可视大小在设备安装完成再装）；

设备：高、低压配变电设备、路由管线、消防报警联动设备。

2）水。

验收条件：

相关土建工程完工后进行设备进场安装，安装完成后安装工程商配合开发商报装并调试，最后报消防验收；

取水接口必须要两路，一路生活用水接口，一路消防用水接口；

超高层建筑必须做设备转换层。

验收内容：

土建：水泵房、消防水池、生活水池的相关标高、散热及门窗（门窗可视大小在设备安装完成再装）；

设备：水泵、喷淋等各路设备及管网。

3）通风。

验收内容：

土建：风机房、风井、采光井、烟道等相关标高、尺寸及门窗百叶进行检查；

设备：风机等各路设备及管网检查。

4）消防设备。

验收内容：

防火门窗、防火玻璃材质，耐火等级，保证门窗从里往外常开，从外往里可锁；

防火卷帘是否按防火分区及防火面积布置，能否在规定时间落下、升起；

消防栓与公共装修面的交接、收口是否美观；

喷淋、卷帘、电梯、广播等各种设备的组合消防报警联动功能。

5）公共装修。

验收内容：

所有装修材料的防火合格证明；

消防应急灯、疏散指示牌的制作。

（2）资料验收内容。

验收条件：需要提供给政府相关部门的资料或材料，必须明确、稳妥地准备齐全后再提出验收申请。

验收内容：

各专业施工图、竣工图、系统图；

各专业设计、施工单位资质证明；

各种设备的产品合格证等。

4. 竣工验收

竣工验收，是给工程产品发放通行证的关键性验收。这时质量监督站不但应对施工企业所提供的各类质保资料、施工记录资料等进行核查，还应按照国家的质量验收评定的标准要求，抽取一定的标准间、观感点进行检验，并根据计量结果核定其质量等级，并且还应对初检不合格的工程项目进行二次验收检验。

竣工验收从阶段来说，可细分为初验和正式竣工验收。

（1）初验：

验收条件：

建筑外围2～3m内所有工程都要收口、完工；

景观路网完成，排水通畅。

验收内容：

由开发商主导的砌体、楼地面、门窗、外立面、防水、防雷初验；

由相关专业部门提前组织的单项验收，如电梯质检、门窗三性检测、幕墙检测、防雷工程、人防工程（如有）等。

（2）正式竣工：

验收条件：初验完成后，向质检站、安检站等政府部门提出申请。

验收内容：主要包括项目内在质量检查和功能质量检查两个方面。

1）内在质量检查主要内容：

结构安全性，即从工程结构设计和施工结果上，衡量工程安全、可靠程序。

结构的强度和刚度、稳定性，即从建筑物使用的物料和构造上，衡量工程的耐久性和使用寿命、抗震能力。

结构的整体性和密实性，即从建筑物整体结构的均匀程度，衡量工程是否达到温差效应要求和抗渗透能力等。

2）功能质量检查主要内容：

建筑、市政、土木等各类专业工程，都存在投产使用后工程对建设意图的满足程度，在房屋建筑上通常称为功能特性。

密封性，例如管道、设备，围护体系中门窗、玻璃、幕墙等的密封程度。

抗渗性，指工程结构和管道对渗漏的防止能力。

耐磨性，指工程外表经受反复摩擦使用后的表面抗磨能力。

耐腐性，指工程及其配件在各类化学环境中（包括在海水等环境下）抗腐蚀的能力。

贯通性，指工程各类竖向、横向管道中液体的流动能力。

5. 综合验收

综合验收，是由规划局组织的最后一道验收程序。工程规划、设计、施工质量的好坏，受益和受害的不仅仅是使用者，而是整个社会。它不仅影响城市的规划，而且将影响社会可持续发展的环境，特别是园林绿化、环境卫生、噪声污染的治理，这些工程立项与竣工必须经过规划、环保等部门的审批和验收。

（1）验收条件：竣工验收完成后即可申请。

（2）验收内容：

1）与规划报建中经济技术指标复核，是否有超标、违规等行为。

2）从外观、造型、色泽等方面，衡量工程是否达到规划报建设计的效果，是否与周边建筑配套、协调等。

复习思考题

1. 工程竣工验收的重要性是什么？

2. 竣工阶段如何进行竣工结算审核？

3. 工程决算的步骤流程是什么？

4. 竣工阶段如何进行竣工移交？

5. 项目保修期管理的重点是什么？

第6章
建设项目运营阶段咨询管理

本章学习目标

通过本章的学习，可以初步掌握建设项目运营阶段后评价工作的开展、总体运营策划、绩效评价、设施管理、资产管理、管控重难点等相关内容。

重点掌握：项目运营阶段后评价工作的开展、项目运营阶段绩效评价。

一般掌握：项目运营阶段资产管理。

本章学习导航

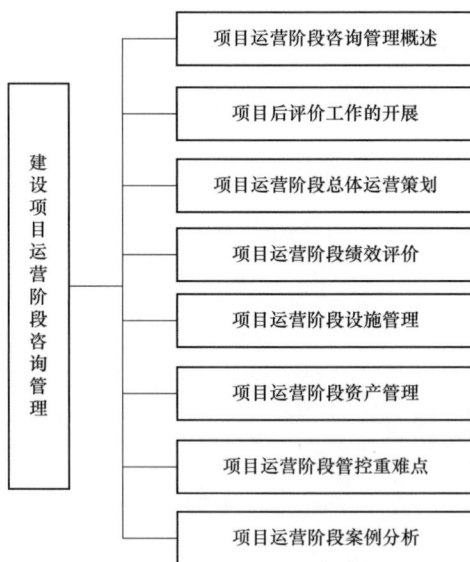

建设项目运营阶段咨询管理
- 项目运营阶段咨询管理概述
- 项目后评价工作的开展
- 项目运营阶段总体运营策划
- 项目运营阶段绩效评价
- 项目运营阶段设施管理
- 项目运营阶段资产管理
- 项目运营阶段管控重难点
- 项目运营阶段案例分析

6.1　项目运营阶段咨询管理概述

在运营阶段，需要适时对建设项目的决策和实施进行评价和总结，需要对建设项目进行运营管理，通过运营管理，检验其决策是否科学有效。

从运营管理角度看，建设项目需要进行资产管理、运营管理和拆除预案策划，通过运营和监管合同的履行确保建筑物的全生命周期成本最优；从经验总结角度看，建设项目需要进行项目后评价、项目绩效评价、绿色建筑的运行评价。由于运营阶段涉及服务范围众多，故从建设项目的反馈评价以及运营需求影响决策阶段的两个方面对项目后评价、项目绩效评价、运营管理和资产管理进行阐述。

运营阶段的主要工作包括：①进行项目后评价（包括：自我评价和其他项目后评价）；②进行项目绩效评价；③进行运营管理策划；④资产管理。

全过程工程咨询单位在本阶段的主要任务是检验建设项目是否达到优质建设项目的目标。全过程工程咨询单位一方面通过评估建设项目全过程的教训和经验，提炼项目决策要点，为下一个建设项目提供更完善的决策参考依据；另一方面协助运营人，为建设项目提供清晰的影响运营的主要设备材料清单以及该设备材料的使用要求和使用寿命，协助规划其大中小修方案和费用估算；再一方面，在决策阶段时，收集运营人的运营管理需求和意见以及使用人的需求和意见，为下一次决策提供参考。

6.2　项目后评价工作的开展

1. 后评价报告编制

后评估报告编制内容主要包括项目概况、项目过程评价、项目效果评价、项目目标及可持续性评价、项目总结五个部分。

（1）项目概况。项目概况主要是对项目的情况、建设内容、实施进度、总投资、运营及效益现状等内容进行概括简述。

（2）项目过程评价。项目过程评价的内容主要包括：项目决策阶段、设计阶段、发承包阶段、实施阶段、竣工阶段、运营阶段评价。各阶段过程评价的主要要点汇总见表6-1。

（3）项目效果评价。项目效果评价的内容包括：项目技术水平评价、财务经济效益评价、经营管理评价、环境效益评价、社会效益评价。各阶段过程评价的主要要点汇总见表6-2。

（4）项目目标及可持续性评价。目标及可持续性评价的评价要点由质量目标、投资（费用）目标、时间目标、职业健康安全目标、各方满意度、与环境相协调、对地区和城市可持续发展、项目自身具有可持续发展等八个一级指标构成。具体见表6-3。

表 6-1   各阶段评价要点

序号	阶段	内容	评价要点
1	决策阶段	项目立项	立项理由是否充分、依据是否可靠，建设目标与目的是否明确；项目是否符合经济社会发展规划和部门年度工作计划；是否根据需要制定中长期实施规划等
		项目决策过程和程序	决策程序是否合规；决策方法是否科学；决策内容是否完整；决策手续是否齐全
		项目评估	项目评估格式是否规范；报告内容是否完整；引用数据与参数是否可靠；分析方式是否科学；论证结论是否合理；项目评估深度是否满足决策者的需要等
		可行性研究报告	报告收费水平是否合理；计算方法是否科学；内容深度是否符合国家有关要求；项目风险是否充分等
2	设计阶段	勘察工作	承担勘察任务单位的资质、信誉状况是否满足项目建设的需要；勘察时是否遵循国家、相关部委的依据、标准、定额、规范等，是否与规定的勘察任务书一致；工程测绘和勘察深度及资料是否满足工程设计和建设的需要，质量水平是否符合要求及水平高低等
		设计工作	承担设计任务单位的资质、信誉状况是否满足项目建设的需要；设计时是否遵循国家、相关部委的依据、标准、定额、规范等，是否与规定的设计任务书一致；项目设计方案是否切合实际、技术先进、经济合理、安全适用；设计图纸的质量是否满足要求及水平高低等
		合同签订	合同签订的依据和程序是否合规，合同谈判、签订过程中的监督机制是否健全，合同条款是否合理和合法；合同文本是否完善等
		征地拆迁	征地拆迁安置计划、安置率、生计水平、发展机会等
		资金筹措	资金来源是否按预想方案实现，资金结构、融资方式、融资成本是否合理，风险分析是否到位；融资担保手续是否齐全等
		开工准备	是否按国家法律法规制定相关文件；施工组织设计文件的编制质量是否满足要求及水平的合理性；执行概算的编制质量是否满足要求及水平的高低等
3	发承包阶段	采购招标	是否按《招标投标法》规定进行了政府投资项目的招标；招标文件的编制质量是否满足要求及水平的合理性；投标单位是否有传统投标和不正当的投标行为；投标书的编制质量是否满足要求及水平的高低等
4	实施阶段	合同执行与管理情况	合同执行情况是否正常；合同管理措施及各阶段合同管理办法是否达到应有效果
		质量、进度、投资和安全的管理情况	质量、进度、投资和安全管理采取的措施与效果，分析产生偏差的原因及对预期目标的影响，各目标的实现程度等
		项目设计变更情况	设计变更增加或减少投资额占变更引起投资额变化比率；其他变更增加或减少投资额占变更引起投资额变化比率；重大设计变更发生的原因分析等
		资金制度与管理	基建财务管理机构和制度是否健全，资金实际来源、成本与预测、计划产生差异的原因，资金到位情况与供应的匹配程度、资金支付管理程序与制度的严谨性、流动资金的供应及运用状况等
		工程质量控制情况	施工队伍及各分包商资质是否符合招标要求；相关合同及技术文件是否完整；质量保证体系是否完善；质量检查是否到位，相关质量检查文件是否齐全；相关材料、半成品是否经过质量检验；新工艺、新材料、新技术、新结构是否经过技术鉴定
		工程监理情况	业主委托工程监理的规范性和合法性、管理方式的适应性；监理组织机构、人员到位及人员变动情况；监理旁站、巡察工作情况；质量问题处理及监理指令落实和复查情况等
		组织与管理	建设管理体制的先进性、管理模式的适应性、管理机构的安全性和有效性、管理机制的灵活性、管理规章制度的完善状况和管理工作运行程序的规范性等

续表

序号	阶段	内容	评价要点
5	竣工阶段	生产准备	各项工程生产准备内容、试车调试、生产试运行与试生产考核，生产准备工作充分性情况等
		竣工验收情况	各专项验收是否均通过验收；相关验收记录文件是否齐全等
		资料档案管理	工程资料档案收集是否完整、准确；管理制度是否完善等
6	运营阶段	项目设计能力实现情况	项目主要能力的实现情况，如建设规模、功能实现、生产能力等
		能源管理	能源计量设备安装情况、能源消耗情况
		项目运营情况	项目运营模式、劳动定额、产品生产能力、产品销售情况等
		项目运营成本	项目运营成本的组成、比例等情况
		财务状况	项目的营业收入、营业成本、利润总额等情况
		产品结构与市场情况	产品的种类、生产能力、市场现状、行业发展状况等情况

表 6-2　　　　　　　　　　　　　　各阶段评价要点

序号	内容	指标	评价要点
1	项目技术水平	设备、工艺及辅助配套技术水平	对项目所使用的新技术、新工艺、新设备、新材料等的水平进行评价
		国产化水平	采用国产化设备与进口设备的情况，并对采用进口设备的原因进行分析
		技术效果	对技术的适用性、经济性及安全性进行评价
		资源与资源利用状况	对项目的排放情况、能耗水平及能源利用情况进行评价
2	项目财务经济效益评价	资产及债务状况	项目总投资、资本金比例、项目资产、项目负债、项目所有者权益等
		偿债能力指标	借款偿还期、利息备付率、偿债备付率、资产负债率等
		财务效益分析指标	内部收益率、净现值率、投资回收期、总投资报酬率、权益资金净利润率、投资利润率等
		运营能力指标	应收账款周转率、存货周转率、流动资产周转率、流动资产周转期、固定资产周转率、固定资产周转期等
		其他指标	单位费用效能、资金利用率等
3	项目经营管理评价	管理机构及领导班子	对现行管理机构设置情况及领导班子成员情况进行评价
		管理体制及规章制度	对现行管理制度及规章制度的合理性、合规性、完整性进行评价，对生产项目还应包括安全生产应急预案、消防应急预案等文件情况进行评价
		经营管理策略	项目运营管理模式、营销策略、推广计划等评价
		项目技术人员培训情况	项目技术人员在岗人数、比例及培训等情况
4	项目社会效益评价	环境管理	对项目环保达标情况，项目环保设施及制度的建设和执行情况进行评价
		污染控制	项目的废气、废水和废渣及噪音是否在总量和浓度上都达到了国家和地方政府颁布的标准
		对地区环境质量的影响	分析主要以对当地环境影响较大的若干种污染物为对象，这些物质与环境背景值相关，并与项目的三废排放有关
		自然资源的利用和保护	对节约能源、节约水资源、土地利用和资源的综合利用率、能耗总量等情况进行分析
		对生态平衡的影响	主要是指人类活动对自然环境的影响

序号	内容	指标	评价要点
5	项目社会效益评价	对项目主要利益群体的影响	项目在施工期和运营期对各个不同利益群体产生的实际影响，特别是对受益、受损、弱势群体的影响和态度
		项目建设实施对地区发展的影响	建设项目对地区经济、文化、医疗、教育等方面的影响
		对当地就业和人民生活水平提高的影响	建设项目提供的就业机会情况及薪酬水平，对人民生活水平的影响
		投资项目征迁安置的影响	涉及拆迁安置的，应了解相关群体的受影响程度，以及采取的减缓措施和有关工作的管理质量和水平
		对所在地区少数民族风俗习惯和宗教的影响	涉及少数民族的，应考虑建设项目对少数民族在文化方面的影响

表 6-3 目标及可持续性评价的评价要点

序号	内容	指标	评价要点或说明
1	质量目标	设计质量	设计标准及功能、设计工作质量、技术标准或工艺路线、可施工性、可运营性等
		工程质量	材料质量、设备质量、建筑质量等
		运营质量	项目的整体使用功能、产品或服务质量、运营的安全性、运营和服务的可靠性、可维修性及方便拆除情况等
2	投资（费用）目标	全生命周期费用	建设总投资、运营（服务）成本、维护成本、单位生产能力投资、社会和环境成本等
		收益	运营收益、年净收益、总净收益、投资回报率等
3	时间目标	项目基本时间	建设期、投资回收期、维修或更新改造周期等
		工程寿命	工程的设计寿命、物理服务寿命、经济服务寿命等
		产品的市场周期	市场发展周期、高峰期、衰败期等
4	职业健康安全目标	卫生指标	废弃物处理能力及标准、排污、排尘、排噪标准等
		健康指标	平均寿命、增加的寿命年限、质量调整的寿命年限等
		安全生产指标	有毒有害气体泄漏标准、易燃易爆物体存放标准、消防标准、危险源辨识标准及应急措施、劳动保护用品配置标准等
5	各方满意目标	用户满意	产品或服务价格、产品或服务的安全性、产品或服务的人性化等
		投资者满意	投资额、投资回报率、降低投资风险等
		业主满意	项目的整体目标、工程目标、经济目标、质量目标等
		承包人和供应商满意	工程价格、工期、企业形象等
		政府满意	繁荣与发展地区经济、增加地方财力、改善地方形象、政绩、就业和其他社会问题等
		生产者满意	工作环境（安全、舒适、人性化）、工作待遇、工作的稳定性等
		项目周边组织满意	保护环境、保护景观和文物、工作安置、拆迁安置或赔偿、对项目的使用要求等

续表

序号	内容	指标	评价要点或说明
6	与环境协调目标	与政治环境协调 与经济环境协调 与市场环境协调 与法律环境协调 与自然环境协调 与周边环境协调 与上层组织协调 与其他方面协调	可按环境系统结构进一步分解： 1. 项目与生态环境的协调； 2. 建筑造型、空间布置与环境整体和谐； 3. 建设规模应与当时、当地的经济能力相匹配，应具有先进性和适度的前瞻性； 4. 节约使用自然资源，特别是不可再生资源； 5. 继承民族优秀文化，不破坏当地的社会文化； 6. 在项目的建设和运行过程中行为合法； 7. 项目应符合上层系统的需求，对地区、国民经济部门发展有贡献
7	对地区和城市可持续发展的贡献目标	政策环境	行业现行政策环境
		社会经济发展指标	人口、就业结构、教育、基础设施、物流条件、社会服务和保障、GDP、地方经济等
		市场环境	现有市场环境、未来市场发展趋势等
		环境指标	环境治理状况、生态指标、环保投资等
		资源指标	资源存量、资源消耗指标等
8	项目自身具有可持续发展能力的目标	财务状况	成本管理分析、盈利能力分析、营运能力分析、增长能力分析等
		产品竞争能力	产品市场地位、市场占有率、生产效率、销售增长率等
		技术水平	技术先进性、技术更新可行性等
		能长期地适合需求	功能的稳定性、可持续性、可维护性、低成本运行等
		污染控制	污染控制成本、污染控制设备寿命等
		防灾能力	监测预报、灾害防御、应急反应、风险融资措施等

2. 项目后评价工作流程

项目后评价工作主要有四个阶段，分别是项目自我总结评价报告、确定后评价项目、组建项目后评价工作组、完成项目后评价。

（1）项目自我总结评价报告。主要是项目单位（投资人）对建设项目在项目竣工验收并投入使用或运营一年后至两年内的情况进行梳理；同时，收集后评价管理规定中设计的数据和指标内容，委托具有相应资信或能力的全过程工程咨询单位编写自我总结评价；最后将评价结果形成书面的自我总结评价报告及相关附件。

（2）确定后评价项目。完成项目自我总结评价报告后，项目单位（投资人）向国家发展改革委提交自我总结评价报告。国家发展改革委根据相关规定及结合项目单位自我总结评价情况，确定需要开展后评价工作的项目，制定项目后评价年度计划。同时对提交的材料进行规范性审查。

（3）组建项目后评价工作组。通过审查后，国家发展改革委可委托未参与过项目前期、建设实施及项目自我总结评价报告的第三方工程咨询机构承担该项目的后评价任务。工程咨询机构在接受委托后，应组建满足专业评价要求的工作组，在现场调查、资料收集和社会访谈的基础上，结合项目自我总结评价报告，对照可行性研究报告、初步设计（概算）文件及其审批文件的相关内容，对项目进行全面系统的分析评价。

（4）完成项目后评价。承担项目后评价任务的工程咨询机构，应当按照国家发展改革委的委托要求和投资管理相关规定，根据业内应遵循的评价方法、工作流程、质量保证要求和执业行为规范，独立开展项目后评价工作，在规定时限内完成项目后评价任务，提出合格的项目后评价报告。

项目后评价工作流程图如图 6-1 所示。

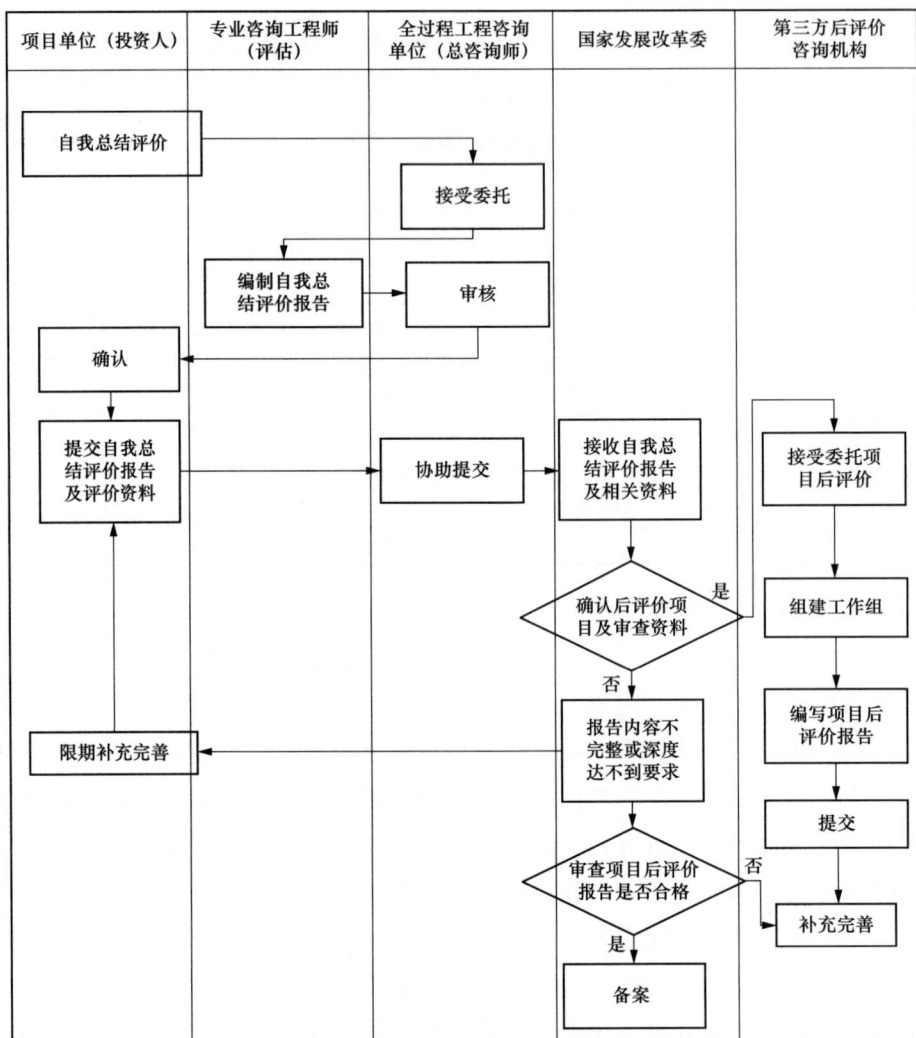

图 6-1　项目后评价工作流程图

6.3　项目运营阶段总体运营策划

1. 工程项目运营方式策划

企业要根据项目的特点，制定不同的运营方式。工程项目运营方式策划主要包含以下几个方面内容：

（1）项目背景分析。项目的背景分析主要包括市场背景分析和政策背景分析。在分析过程中，需要充分观察行业、政策、竞争者、客户、技术等方面的变化和情况，使得项目的发展具有前瞻性。

（2）项目可行性分析。项目可行性分析主要用来阐述项目在各个层面上的可行性与必要性。项目可行性分析对于项目审核通过、获取资金支持、理清项目方向、规划抗风险策略都有着相当重要的作用。

（3）项目的运营模式及操作方案。项目的运营模式是企业根据企业的经营宗旨，为实现企业所确认的价值定位所采取某一类方式方法的总称，包括企业为实现价值定位所规定的业务范围，企业在产业链的位置，以及在这样的定位下实现价值的方式和方法。

（4）品牌的规划及实施方案。品牌规划的核心在于建立与众不同的品牌识别，为品牌建设设立目标、方向、原则与指导策略，在充分研究市场环境、行业特性、目标消费群、竞争者以及企业本身情况的基础上，提炼高度差异化、清晰的、明确的、易感知、有包容性、能触动和感染消费者内心世界的品牌核心价值，并在传播过程中，将其贯穿至整个企业的所有经营活动。

（5）项目资源管理及计划。项目资源管理是指为了降低项目成本，而对项目所需的人力、材料、机械、技术、资金等资源所进行的计划、组织、指挥、协调和控制等活动。项目资源管理的全过程包括项目资源的计划、配置、控制和处置。

（6）机构规划及人员配置。主要是对于组织结构进行设计，并对各部门进行人员设置和规划。

（7）市场营销拓展方案。市场营销主要是营销人员针对市场开展经营活动，销售行为的过程。完善的市场营销拓展方案能够促进项目产品和服务的市场占有份额。

（8）项目的风险遇见及规避。主要通过风险识别、风险分析和风险评价认识工程项目的风险，并以此为基础，合理地使用各种风险应对措施、管理方法、技术和手段对项目的风险实行有效控制，妥善处理风险事件造成的不利后果，以最小的成本保证项目总体目标的实现。

2. 工程项目运营组织策划

大型基础设施建设项目，在项目寿命期内需要对工程项目的组织进行策划和管理，以确保项目能够正常运行，发挥应有的经济效益。常见的组织结构类型主要包括直线-职能制结构、事业部制结构、模拟分权制结构及矩阵结构。

（1）直线-职能制结构。直线-职能制结构是按职能组织部门分工的，将承担相同职能的管理业务及其人员组合在一起，设置相应的管理部门和管理职务。对于只生产一种或者少数几种产品的企业来说，职能式组织结构是一种最佳模式。其优点包括：

1）稳定性好，每一个管理人员都固定地归属于一个职能机构，专门从事某一职能工作，在此基础上建立起来的部门间联系能够长期不变。

2）运作效率高。各部门和各类人员实行专业分工，有利于强化专业管理，提高工作效率。

3）管理权力集中，便于最高领导层对整个项目实施严格的控制。其缺点是横向协调差、适应性差、领导负担重，不利于培养素质全面的、能够经营整个企业的管理人才。

（2）事业部制结构。事业部制结构是按项目的产出将业务活动组合起来，成立专业化的事业部，在纵向关系方面，按照"集合政策，分散经营"的原则，处理高层领导与事业部之间的关系；在横向关系方面，在各事业部均为利润中心，实行独立核算。

（3）模拟分权制结构。模拟分权制结构，就是按照研究开发、生产制造、市场销售等不同经营管理领域及特点，将高层领导下的第一级组织分成若干个组织单位，把相应的业务活动分别归属到这些单位；让这些单位承担模拟性的盈亏责任，并给予与这种责任相适应的管理权限，各自建立必要的职能机构，组织本单位的生产、技术或经营活动。

（4）矩阵结构。矩阵结构是按职能组合业务活动，以及按产品（或工程项目、规划项目）组合业务活动的方法结合起来运用的一种组织设计，形成纵向与横向管理系统相结合，形如矩阵的组织结构形式。

矩阵结构的优点是有利于加强各职能部门之间的协作配合，通过具有横向报告关系的管理系统，把各职能部门的有关人员联系起来，提高企业的适应性；能够减轻上级主管人员的负担，有利于高层管理集中精力制定战略目标、决策与规划，以及对执行情况的监督；有利于职能部门与产品部门相互制约，保证企业整体目标的实现。其缺点是组织的稳定性较差，按产品或项目成立的组织，其成员经常变动，人事关系不稳定；由于双重领导的存在，容易产生责任不清、多头指挥的混乱现象。

同一项目在不同时期，组织结构也会由于外部环境和内部条件的变化而有所变化。即便是同一项目、同一时期，因不同组织单位在运营上的不同特点也会形成不同结构形式的组合。

6.4 项目运营阶段绩效评价

1. 项目绩效评价指标

项目绩效评价指标是衡量绩效目标实现程度的考核工具。通过将绩效业绩指标化，获取具有针对性的业绩值，为开展绩效评价工作提供基础。绩效评价指标应当充分体现和真实反映项目的绩效、绩效目标的完成情况及评价的政策需要。

绩效评价指标体系通常包括具体指标、指标权重、指标解释、数据来源、评价标准及评分方法等。项目绩效评价指标体系设定应当满足以下原则：

（1）相关性原则。项目绩效评价指标体系设定应当与绩效目标有直接的联系，能恰当反映目标的实现程度。

（2）重要性原则。项目绩效评价指标体系设定应当根据绩效评价对象和内容，优先使用最具代表性、最能反映评价要求的核心指标。

（3）可比性原则。项目绩效评价指标体系设定应当对同类评价对象设定共性的绩效评价指标，以便于评价结果相互比较。

（4）系统性原则。项目绩效评价指标体系设定应当将定量指标与定性指标相结合，系统反映项目所产生的社会效益、经济效益、环境效益和可持续性影响等。

（5）经济性原则。项目绩效评价指标体系设定应当通俗易懂、简便易行，数据的获得应当考虑显示条件和可操作性，符合成本效益原则。

项目绩效评价业务指标框架见表 6-4。

表 6-4　　　　　　　　　　　　　项目绩效评价业务指标

一级指标	权重（根据项目具体情况设定）	二级指标（可根据项目具体情况局部调整）	三级指标（供参考，根据项目具体情况设定）	指标解释
项目决策	15±5	战略目标适应性	项目与战略目标（部门职能）的适应性	项目是否能够支持目标的实现，是否符合发展政策和优先发展重点
		立项合理性	项目立项的规范性	项目的申请、设立过程是否符合相关要求，立项资料是否齐全用以反映和考核项目立项的规范情况
			立项依据的充分性	项目立项是否有充分的依据
			绩效目标的合理性	项目所设定的绩效目标是否依据充分，是否符合客观实际，用以反映和考核项目绩效目标与项目实施的相符情况
			绩效指标明确性	依据项目申报或执行中设定的绩效指标是否清晰、细化、可衡量等，用以反映和考核项目绩效目标与项目实施的相符情况

一级指标	权重（根据项目具体情况设定）	二级指标（可根据项目具体情况局部调整）	三级指标（供参考，根据项目具体情况设定）	指标解释
项目管理	20±5	投入管理	预算执行率	预算执行率＝实际支出/实际到位预算
			预算资金到位率	到位率＝实际到位/计划到位，到位时效主要考察资金是否及时到位，若未及时到位，是否影响项目进度
			配套资金到位率	
			资金到位及时率	及时到位资金与应到位资金的比率，用以反映和考核资金落实情况对项目实施的总体保障程度
		财务管理	资金使用合规性（资金使用情况）	资金使用是否符合有关制度规定
			财务（资产）管理制度健全性	是否按规定建立了财务、资产管理制度，内控制度及其执行情况
			成本控制情况	是否按项目进行成本核算及成本差异情况
			会计信息审计结果（或有）	从审计结论中考察会计信息的合规性、准确性、完整性、及时性
			财务监控的有效性	项目实施单位是否为保障资金的安全、规范运行而采取了必要的监控措施，用以反映和考核项目实施单位对资金运行的控制情况
		项目实施	管理制度的健全性（保证项目实施的制度、措施的监理情况及制度措施的科学性、合理性）	项目实施单位的业务管理制度是否健全，用以反映和考核业务管理制度对项目顺利实施的保障情况
			制度执行的有效性（相关制度和措施执行情况）	项目实施是否符合相关业务管理规定，用以反映和考核业务管理制度的有效执行情况
			项目质量的可控性	项目实施单位是否为达到项目质量要求而采取了必需的措施，用以反映和考核项目实施单位对项目质量的控制情况
项目绩效	65±5	项目产出	实际完成率（产出数量）	项目实施的实际产出数与计划产出数的比率，用以反映和考核项目产出数量目标的实现程度
			完成及时率（产出时效）	项目实际提前完成时间与计划完成时间的比率，用以反映和考核项目产出时效目标的实现程度
			质量达标率（产出质量）	项目完成的质量达标产出数与实际产出数的比率，用以反映和考核项目的成本节约程度
			成本节约率	完成项目计划工作目标的实际节约成本与计划成本的比率，用以反映和考核项目的成本节约程度
		项目结果	经济效益	项目实施对经济发展所带来的直接或间接影响情况
			环境效益（生态效应）	项目实施对生态环境所带来的直接或间接影响情况
			社会效益	项目实施对社会发展所带来的直接或间接影响情况
			社会公众或服务对象满意度	社会公众或服务对象对项目实施效果的满意程度
		能力建设及可持续影响	长效管理情况	维持项目发展所需要的制度建设及维护费用等落实情况
			人力资源对项目可持续影响	项目实施后人力资源水平改善状况对项目及单位可持续发展的影响
			硬件条件对项目发展的作用	项目实施过程中设备条件的改善对项目及单位可持续发展的意义
			信息共享情况	项目实施后的成果及信息与其他部门共享
总分	100			

2. 项目绩效评价工作流程

评估机构执行绩效评价业务，绩效评价程序通常分为三个阶段，即绩效评价前期准备阶段、实施阶段和绩效评价报告的编制和提交阶段。工作流程如图 6-2 所示。

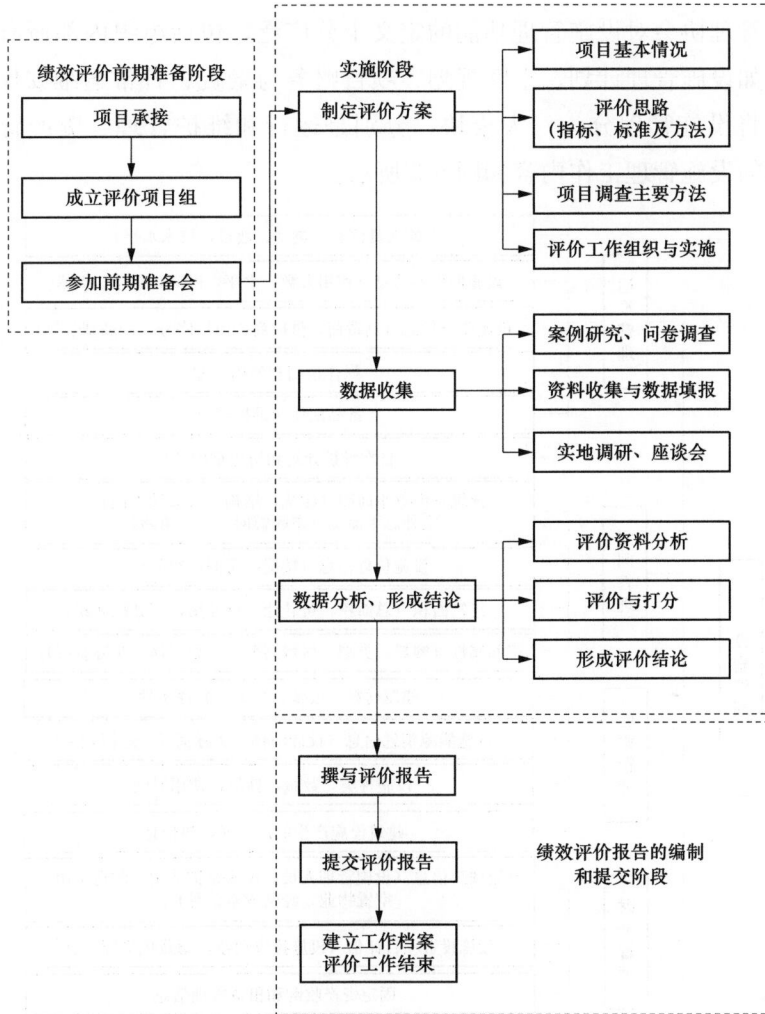

图 6-2 绩效评价工作流程

6.5 项目运营阶段设施管理

设施管理是指依据国际设施管理协会和美国国会图书馆的定义，"以保持业务空间高品质的生活和提高投资效益为目的，以最新的技术对人类有效的生活环境进行规划、整备和维护管理的工作"。它"将物质的工作场所与人和机构的工作任务结合起来，综合了工商管理、建筑、行为科学和工程技术的基本原理。"

全过程工程造价咨询机构在本阶段主要通过设施管理的理念提供设施管理方案，或开展评估工作。通过学习国外先进的管理经验结合中国工程项目的实践情况，对设施管理在中国的运用提出更符合中国国情的工作要求和建议。

国际设施管理协会对设施管理功能的定义十分广泛，包括组织内部所有与设施管理相关的业务，如设施管理计划、空间规划、项目财务与融资、日常运维安保等。北美设施专业委员会将设施管理分为三大模块，分别是运行和维护管理、资产管理、设施服务。更加详细的设施管理工作内容如图6-3所示。

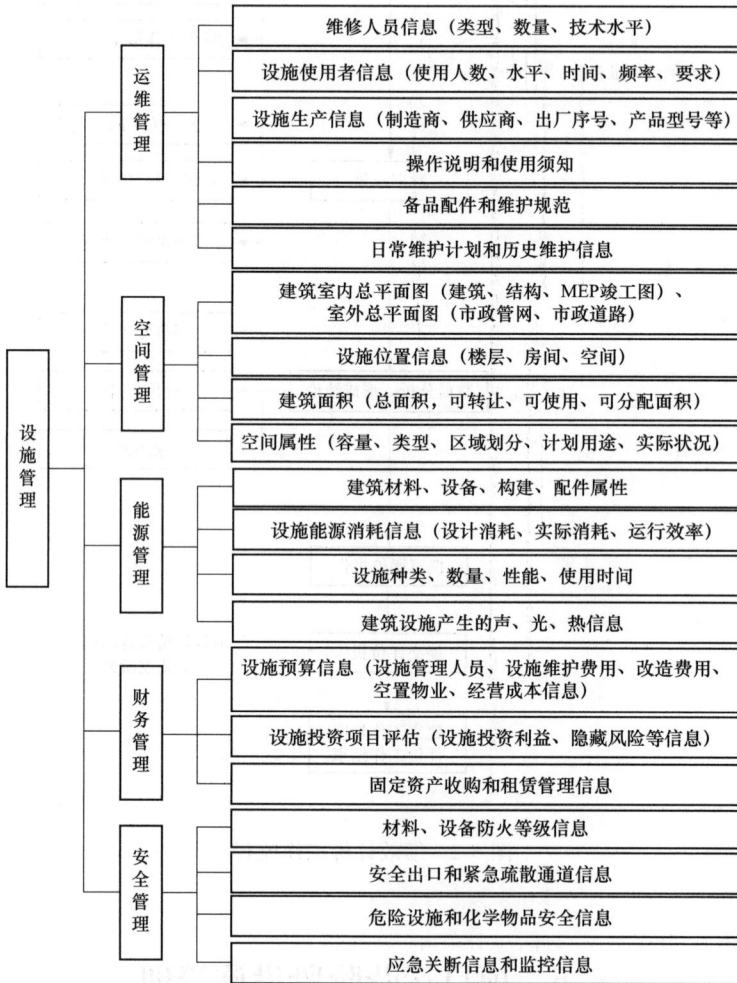

图6-3 设施管理工作内容

6.6 项目运营阶段资产管理

经过竣工验收和检验后的建设项目已转化为合格的建设项目产品，即建筑物。一方面在竣工阶段，对建设项目产品进行验收，并将完整的、合格的建设产品移交给投资人或产权人，将建设项目产品转化为资产进行管理，同时通过运营发挥其投资作用；另一方面在运营阶段，通过资产管理实现建设项目的资产价值，是投资人要实现其目标的基础。因此，无论资产管理方是哪个角色，只有对建设项目开展良好的资产管理，才能最大限度地提高资金的价值和利益相关方期望的满意度。

全过程工程造价咨询机构在资产管理的工作内容要求下，在策划和评估方面出具咨询方案，一方面，全过程工程造价咨询机构对资产的增值和运营进行分析，为委托人提供管理依据；另一方面，全过程工程造价咨询机构需充分了解各方需求，为资产管理制定清晰的目标，并为委托人提供合理化建议。

资产管理主要从建设项目的资产增值、运营安全分析和策划、运营资产清查和评估、招商策划和租赁管理等方面进行策划。

建设项目的资产增值。一是把竣工验收和检验合格后的建设项目转化为固定资产，实现资产价值；二是设备材料使用年限分析。建筑物中的设备材料的使用年限和建筑物的全生命周期各有不同，所以在建筑物全生命周期存在着设备材料的常规维护、中修和大修情况；三是运营成本分析。在建设项目移交后，应研究工程资料，根据建设项目的功能和营造标准，准确确定运营管理的范围、内容和特点，进而分析建筑物维护费用标准的构成，对费用的影响因素和费用可量化程度和量化进行分析。有利于实现资产增值。

建设项目的运营安全分析和策划。一是形成建筑物的运营维护指导书，以保证建筑物正常运营和保证其品质，确保资产的增值和保值；二是维修应急方案策划。编制建筑物的大、中修及常规维护的规划，及时安排资金，准备备品、备件，做好边维修边使用的应急方案，有利于体现资产的价值。

建设项目的运营资产清查和评估。一是根据建设项目情况对资产进行清查并形成资产清单，为资产评估提供基础数据；二是结合决策阶段设定的目标及优质建设项目评判标准对建设项目形成的固定资产进行评估、调整、维护等工作，有利于实现资产保值。

建设项目的招商策划和租赁管理。为了建筑物的保值和增值，需要设置使用人员准入条件，加强建筑物的招商策划和（或）租赁管理。首先，确定合格的使用单位或人员的要求，尽可能使用建筑物或建筑小区的经营范围产生聚集效应，通过良好的聚集效应，使其建筑物的功能得到更好提升；其次，规范租赁人员的行为和义务，营造共同保护建筑物的意识；再次，借助信息化物联网等先进技术，协调服务。有利于提高建筑物的物业管理水平及利益相关方的满意度。

6.7　项目运营阶段管控重难点

运营阶段的设施管理是管控的重点。设施管理综合利用管理科学、建筑科学、行为科学和工程技术等多种学科理论，将人、空间与流程相结合，对人类工作和生活环境进行有效地规划和控制，保持高品质的活动空间，提高投资效益，满足各类企事业单位、政府部门战略目标和业务计划的要求。其所含的基本内容主要有：

（1）费用设施所有权有最初的和正在发生的费用。管理时，应该知道需要的费用，并通过计划分配，提供这些费用。

（2）生命周期内的花费。一般来说，所有的经济分析和比较都应该基于生命周期花费。如果只考虑资本费用和最初的费用，经常会做出错误的决定。

（3）服务的融合。优质的管理意味着不同服务的融合（例如设计和运作）。

（4）运作和维护的设计。运作者和维护者，即使他们是承包商，也应该积极参与设计审查。

（5）委托的责任。项目管理的功能应该归入到预算项目中去，由一位经理对各项工作负责。

（6）费用的时效性。关键是识别和比较这些费用，并且过一段时间进行一次有规律的比较。

（7）提高工作效率。应该时常通过特定的比较、使用者的反馈及管理来判断其效率。

（8）生活质量。设施经理应该设法提高和保护职员的生活质量。最低的要求是有一处安全的工作场所，努力的目标是有一处可以提高个人和团体工作效率的工作环境。

（9）设施的冗余和灵活性。因为工作的本身经常是部分在变化的，设施经理必须进行设施的冗余和灵活性分析。

（10）作为资产的设施。设施应该被看作是可以通过各种途径给公司带来收益的有价值的资产。

（11）设施管理的商业职能。体现在用一种商业的办法来进行设施管理。设施应该和公司的业务同时发展、同步规划。

（12）设施管理是一个连续的系统。设施管理从开始计划到进行处理，是一个连续的过程，不是一系列分立项目的组合。

（13）服务。设施管理只提供了一种产品服务。设施管理的本质是强调权利和顺从，同时也应该具有灵活性和服务性。质量计划是基于消费者怎样才能获得服务的问题制定的。一项成功的质量计划要依赖于各种层次客户的长期联系和约束。

6.8　项目运营阶段案例分析

1. 项目背景

某轨道交通项目线路走向为南北向骨干线，全长 30.517km，其中地下线长

0.086km，共设车站 25 座，全部为高架车站。设备系统采用全自动无人驾驶的跨座式单轨制式，建设阶段于 2017 年 7 月初开工建设；2020 年 1 月初开通试运营。前期市场调研结果预计客流量分为初期至 2022 年，近期至 2029 年和远期至 2044 年，分别为 9.69 万人次/日，16.86 万人次/日和 24.36 万人次/日。

2. 项目运营管理方案

运营阶段分为试运营期和正式运营期：对应不同运营时期，计划安排站务管理、安全管理、维保管理、运营管理、票务管理计划手段，准备适当的人员、资金、物资，配合合理的组织制度和保障架构，以适应运营期间的各种可能。客流量按时间顺序划分为初期、中期和远期。分阶段进行预测，同时根据客流量安排车辆组织设置。全天运营 18 个小时。列车接发车作业标准流程为：检查线路，准备接车，接车，列车清客，列车折返，组织乘客上车，列车出发。

维持运营投资方案的评估，需要追加投资的实施范围，包括在用设施设备更新、业务发展需要、技术革新等。运营成本包括但不限于运营人工成本、能耗成本、维护维修成本、管理成本、安检成本、维持运营投资成本。运营人工成本是指项目公司在轨道交通运营组织与管理活动中使用劳动力而发生的各项费用综合，包括运营员工的工资和工资性附加。能耗成本主要指电费成本，其他零星能耗如新鲜水、天然气、耗能工质等成本统一折算到电费成本中。管理成本主要包含委托运营服务费或运营咨询服务费，运营间接费、运营管理费及营销费等。安检成本包括安检设备的投资与折旧、安检管理费、安检人员的人工费、设备的维护维修、设备更新与改造等。维持运营投资也称更新改造与追加投资。整个特许经营期内，项目公司应根据轨道交通设施的维持运营状况，以及客流量变化的需求，对初期形成的资产进行更新改造与追加投资。更新改造与追加投资主要工作内容包括：原有资产的更新、改造、再投资、重置，以及车辆购置。维持运营投资成本报价分别为车辆购置报价与资产更新改造报价两部分。

本项目运营收入中票务收入为主要来源，但仍有收入来源于运营期中非票务业务。非票务业务是指在政府方的授权下，在保证轨道交通安全运营的前提下，项目公司对轨道交通设施的投资、建设、运营而衍生、延伸的具有可利用价值的商业资源进行开发，为广大乘客、社会提供在公共交通服务之外的便利服务和其他商业资源的经营业务模块。非票务业务投资由业务初始投资和设施设备更新投资两部分构成，根据对项目非票务业务分析，初始投资主要是广告灯箱和商铺初始投资，设施设备投资更新主要是对广告灯箱进行每 5 年一次的更新。业务成本分为运营成本、财务成本、折旧与摊销。

将客流分为小客流情况下的客运组织、正常客流组织、大客流情况下的客运组织、特大客流应急措施、故障情况下的客流组织、可预测性大客流情况下的客运组织共六类，分类进行客流组织。具体组织措施见表 6-5。

表 6-5 运营组织措施

客流组织分类	运营组织措施
故障情况下的客流组织	当轨道交通运营过程中出现严重的设备故障、线路故障或由于不可预知的突发事件，如人为破坏、火灾、爆炸、毒气、大面积停电等导致行车组织、运营服务紊乱，相关设备设施在短时间内无法修复或无法恢复正常运营时，按照对应的应急管理预案组织大量的人力、物力进行抢修，同时组织乘客疏散，启动应急管理预案
突发大客流情况下的客运组织	提前组织好足够数量的引导员及突击人员，由客运管理部门负责对引导员进行服务、票务、安全知识等初步培训，并在五一、国庆、春节等大客流到来前安排到相应车站跟岗学习培训
	密切关注节日期间的客流情况，做好大客流疏导工作，加强站厅、站台的广播
	重点车站提前制定客流疏导方案，遇大客流时，做好安全广播，加强站厅、站台巡视，严格控制好乘客在站台的候车秩序
	密切注意沿线举办的大型活动，如有大型活动影响，及时汇报并布置落实应对措施
	加强设备管理，保障运营
突发特大客流应急措施	遇特大客流时，控制原则为由下至上、由内至外的人潮控制。采取站台客流控制、站厅付费区客流控制、出入口（站厅非付费区）客流控制 3 级客流控制方法，处置原则遵循"安全第一、统一指挥、分级控制、合理引导、及时疏散"的原则
	一级突发性大客流，指站台、站厅和出入口都较为拥挤，预计持续超过 30 分钟以上，轨道交通运营秩序受到严重影响，已经或可能造成人员伤亡、财产损失等后果，需要外部力量来疏导支援的大客流。该级别主要任务为控制非付费区客流，控制点在车站出入口处。车站组织人员人为控制出入口的乘客进站速度，必要时可关闭部分出入口
	二级突发性大客流，指站台、站厅都较为拥挤，轨道交通运营秩序受到一定影响，客运部处理，需要人员现场支援大客流。该级别主要任务为控制付费区客流，控制点在入闸机处。车站可根据实际情况适当关停部分 TVM，入站闸机或将部分双向闸机设为只出不进，以减缓乘客进入付费区的速度，防止付费区压力过大
	三级突发性大客流，指站台较拥挤，轨道交通运营秩序未受到较严重影响，通过车站及邻站支援能够处置的大客流。该级别主要任务为控制站台客流，控制点在站厅与站台的楼梯（或电扶梯）口。车站应将站厅与站台之间的扶梯改为向上方向，避免客流交叉
可预测性大客流情况下的客运组织	可预测性大客流最典型的是节假日大客流。节假日大客流往往有其特定的规律。车站可提前做好人员、车票、备品等准备工作。车站根据客流情况设置不同的区域，在区域设置专人负责，明确岗位和人员安排，统一指挥，协调配合。安排专职广播员，做好广播工作。在通道口、扶梯处设置导向指引，并在通道内设置分流栏杆，进行客流疏导。在站厅范围内设置临时票务室，售卖预制票，加快购票速度，避免购票排长队影响客流的正常进出
	同时可采取避免客流交叉措施：在站厅设置栏杆，隔离购票区、等候区、进站区、出站区等；通过人工引导、设置栏杆或屏风等方式，引导乘客从少客流的区域进出站；在闸机、扶梯临近点安排专人引导、组织；设置双向客流单向流动，闸机/出入口只进不出或只出不进，确保客流疏导顺畅

复习思考题

1. 项目的后评价工作如何开展？

2. 项目总体运营策划的重难点有哪些？

3. 项目运营阶段如何进行绩效评价？

4. 项目运营阶段设施管理的要点有哪些？

5. 运营阶段资产管理的流程是什么？

参 考 文 献

[1] 蔡志新. 全过程工程咨询实务指南 [M]. 上海：华南理工大学出版社，2018.

[2] 陈金海，等. 建设项目全过程工程咨询指南 [M]. 北京：中国建筑工业出版社，2018.

[3] 杨卫东，敖永杰，翁晓红，等. 全过程工程咨询实践指南 [M]. 北京：中国建筑工业出版社，2018.

[4] 黄锐锋. 建设工程全过程管理实用手册 [M]. 北京：中国建筑工业出版社，2019.

[5] 张国华. 工程项目全过程造价咨询 [M]. 北京：中国电力出版社，2020.

[6] 刘振亚. 企业资产全寿命周期管理 [M]. 北京：中国电力出版社，2015.

[7] 孟宪海. 全寿命周期成本管理与价值管理 [J]. 国际经济合作，2007 (05).

[8] 周子炯. 建设工程项目设计管理手册 [M]. 北京：中国建筑工业出版社，2012.

[9] 张步诚. 建筑工程项目设计管理模式创新探索 [J]. 中国勘察设计，2015 (2)：84-89.

参 考 文 献

[1] 李某某. 某某某某某某某某. 某某某某某某某某某出版社, 2015.

[2] 王某某, 某某某某某某某某某某某某某. 某某, 某某某某某某出版社, 2016.

[3] 张某某, 李某某. 某某某某某某某某某某某某某某. 某某, 某某某某某出版社, 2016.

[4] 某某某, 某某某某某某某某某某某某. 某某, 某某某某某出版社, 2016.

[5] 某某某, 某某某某某某某某某某某某. 某某, 某某某某某出版社, 2016.

[6] 某某某, 某某某某某某某某某某某某. 某某某某某出版社, 2016.

[7] 某某某, 某某某某某某某某某某某. 某某, 某某某某某出版社, 2015.

[8] 某某某, 某某某某某某某某某某某. 某某某某某某出版社, 2015.

[9] 某某某, 某某某某某某某某某某某某某某某某某某某某某某某某, 2015.